［瑞典］哈瑞·马丁松 著

A n i a r a
阿尼阿拉号

万之 译

世纪出版集团 上海人民出版社

译者前言

《阿尼阿拉号》(Aniara)是瑞典诗人、小说家、散文家、剧作家哈瑞·马丁松(Harry Martinson, 1904—1978)的史诗式作品,包括103首诗歌。这部作品对马丁松与另一瑞典作家艾文德·雍松(Eyvind Johnson)1974年分享诺贝尔文学奖起过重大作用,被文学评论家称为“我们这个时代的星球之歌”。

马丁松对中文读者依然是个陌生的名字。虽然他获得过诺贝尔文学奖,在瑞典文学中有重要地位,是公认的继斯特林堡之后最有影响的瑞典经典作家,但在国际上知名度却不高,在中国也鲜为人知。本书出版之前,他还从未有一本著作翻成中文出版。马丁松受到如此冷落的原因,一是他的文学创作比较民族化本土化,语言有典型的瑞典南部方言特色,还使用自创的词汇,翻译成其他语言比较困难,何况各国懂瑞典语的译者本来不多,所以译著出版较少,在国际上和其他民族语言文学中的影响因此有限;二是他的思想具有前卫性,而没有被同时代人理解和接受。其实,他可算是世界上最早关注环保和自然生态的作家。上世纪四十年代二次世界大战后,他就发表过很多哲学散文,提出了环保问题和生态问题,发展出一套自己的“自然哲学”理念,并借鉴中国文化中的道家思想,主张顺其自然,反对城市化和全球化。当大多数人还在赞赏和享受现代工业文明果实的时候,他就像一个预言家，用文学形式向全人类发出生态失衡的警告，《阿尼阿拉号》实际上是这种警告的代表作。“阿尼阿拉号”的名称出自古希腊语“阿尼阿洛斯”(aniaros)，意思是“遇险”或“危难中”。

近年来，随着人类环保意识的增强，对地球未来和人类命运的关注，马丁松作品的意义被更多识者认同，其国际影响也有所增加，《阿尼阿拉号》也出现了多种译本，包括日文和越南文等。现在中文译本的出版，自然也是顺应着这一潮流。

马丁松写作的题材当然非常广泛，不仅关注环保，还涉及二十世纪以来人类面对的很多重大问题。瑞典学院网站上有介绍马丁松的文章，其作者、瑞典文学评论家拉森指出：“马丁松的写作像镜子一样，映照出二十世纪的重大问题。这些问题包括社会不公和专制，包括战争与和平，包括商业文化与汽车文化，包括核武器与环境破坏。”一个作家的创作，能够有这样广阔的视野，既针砭时弊批评社会，同时又有乡土气息而关注自然，地方性与全球性结合，宏观与微观并存，甚至有透视宇宙的全方位观点，这样的结合实在是比较独特的，所以瑞典学院给他的诺贝尔文学奖颁奖词称赞他的写作“捕捉了露珠而映射出大千世界”。这句话非常简短，其实内涵丰富深厚而又准确到位。它能反映出小和大、微观和宏观的关系，而最主要的，还是反映一种特殊的自然观和宇宙观，用作者自己的话来说就是“自然哲学”。“捕捉露珠”一词形象说明他对自然而微观的世界的兴趣，而“大千世界”一词反映他对宏观世界的观察和思考，两者结合则表达他对自然和宇宙的关注。

马丁松的文学创作及他的“自然哲学”和他的身世很有关联。1904年马丁松出生在瑞典南部偏远乡村，幼年时其父因做小生意破产遭受打击而早亡，其母丢弃孩子只身移民美国。他从小由社区安排寄养在人家，颇受歧视，也未能得到常规的教育，十六岁即背井离乡出海当远洋水手闯荡世界。母亲的遗弃对他的精神打击其实很大，内心阴影一生都不能消散。正是童年的这段寄养在人家的经历对他一生注重与自然的关系颇有关联。他在自传体小说《寻麻开花》和《出路》中对这段生活有过细致描写，用的是幽默而又感伤、充满幻想而又陌生间离的语气风格。其中的主角马丁自然是作者本人的影子，也早已显示了文学的才能，善于用文字来给现实和自然镀金绘彩，表达梦境和理想。从小说中可以看到，由于孤独，幼年的马丁松时常一人在森林里漫游独自遐想，就近观察自然也思考人生，他自己称为"草丛中的思考"，有一本诗集就叫做《从一个草丛中往外眺望》。我们可以看到一个少年经常躺在草地上，或是往下俯视观察草丛下的昆虫生活，或是仰面张望星空，惊叹宇宙的神奇。自然既是他人生的出发点，也是他的归宿，他从自然出发，在草叶上的露珠中观察和探索人类丰富的精神世界和宇宙的奥秘。

马丁松离开森林投奔大海担任水手，漂泊游历，在另一环境中获得更丰富的人生体验。他到过南美、印度、日本和澳洲等很多国家的海港，与不同民族肤色人种的接触，见识不同社会环境。另一方面，他能看到更多不同面目的大自然环境，或是海上瑰丽的日落日出，或是狂风暴雨浪涛汹涌。这段海上生活的经历后来他在游记《无目的的旅行》以及广播剧《拯救》、《来自摩鲁卡斯的鲁特生》等作品中也都有生动描述。

数年后马丁松结束海上生活回到瑞典，在斯德哥尔摩零散打工数年，当过搬运工或者厨房伙夫等等。在大城市和工业化的环境中，马丁松感到了自然和他的疏离，也促使他对自然的重要性有了更清楚的认识。这时的经历后来也都成为他的长篇小说《到达钟国之路》和《布勒故事》的素材。主人公布勒身上就表现出马丁松本人的思想特征和哲学观念，布勒对于城市的问题忧心忡忡。

马丁松对于写作的兴趣和文学的天赋，在这时已经日益显露。早在做水手和伙夫期间，他就在瑞典的工会杂志如《水手》以及社会主义团体的刊物如《火焰》上发表文学作品，主要是抒情诗歌。而他自己出版的首部单本作品是1929年的幻想小说《鬼船》，明显受到英国作家吉普林的影响。他还和比他大十五岁的一个瑞典著名无产阶级女作家莫阿·施瓦兹同居，数年后正式结婚，莫阿改用夫姓马丁松。很多瑞典人认为，莫阿·马丁松实际上扮演了一个母亲的角色，填补了马丁松从小被其母遗弃后心理上长期空缺的那个女性空间。而在文学上，莫阿也发挥了指导教师的作用。马丁松参加了瑞典诗人伦德奎斯特发起的文学小组并共同出版诗集《五青年》，成为比较引人注目的作家。1931年他的现代主义自由体诗集《游牧者》出版，以其清新的诗歌语言和丰富的形象而深受好评。从他的诗歌中我们不仅能看出美国现代派诗人惠特曼及马斯特斯等人的影响，也能看到他和同代的很多欧美现代诗人一样，还像庞德那样，从中国抒情诗歌中学习比兴手法。1934年他又出版了诗集《自然》，由于主题涉及一系列当代社会的重大问题，某些评论家甚至谐称书名更可叫做“不自然”。从这本诗集中也能看到超现实主义和印象派抒情诗的影响，例如苏俄诗人马雅可夫斯基的影响。

马丁松是富有才气和艺术气质的作家，不仅擅长语言创作，也有绘画才能。他和瑞典现代主义画派“X—ET”的很多画家过往甚密，同时自己也创作了很多油画，主要是工人肖像和自画像，富有超现实主义手法和异国情调的风景，还受到中国绘画的影响。在三十年代出版的大量诗歌、小说、散文和游记中，马丁松有时还自己画插图。这些作品包括在《蝗虫与螳螂》、《仲夏山谷》、《简单的与困难的》等书中。

二次大战期间，马丁松创作减少，主要原因是生了肺病，此后身体健康就一直不佳，直到去世。不过大战刚发生时，马丁松也曾自愿报名参加芬兰冬季战役，并把自己在战场所见所闻写成报告文学集《走向死亡的现实》。1945年战争结束时他又出版了一本引人注目的诗集

《顺其自然》。和他早先的乐观而比较外向的人生态度和明快的抒情诗风对比，这本诗集除了他一贯的注重自然的描述之外，还明显转向内在的哲学思维。诗人对文化和哲学的问题表现出更浓厚兴趣，而其中的灵感多来自中国文化，特别是道家学说。这种文化转移的倾向在他后来六十年代出版的诗集及剧本《魏国三刀》、哲理散文集《陀螺》中就更加明显，也是他"自然哲学"的思想成熟成形。而史诗《阿尼亚拉号》则代表了这种哲学的艺术表述的极致。有种说法是，这部诗歌是以表现主义的抒情形式来展现"极端之恶"。

马丁松来自社会下层，曾是家庭弃儿，又当过水手、伙夫和工人，属于无产阶级，所以他在瑞典文坛崭露头角之后，一度被人评为"最金黄"的无产阶级作家，让人联想到另一位在中国很有影响的苏俄无产阶级作家高尔基。两人比较一下，可以看出有意思的结局。两人之间有很多相似之处：一样有不幸童年，一样有底层生活经历和工人阶级背景，一样是在社会在"人间"完成自己的"大学"教育，一样取得非凡的文学成就。不同的是他们的个性，是生活的社会环境政治制度迥异，因此文学创作和思想发展也有不同方向：在文学上马丁松像同代多数西方作家一样走向现代主义，就是左派作家如萨特也如此，而高尔基被纳入苏联"社会主义现实主义"轨道，晚年的思想局限非常明显；在思想上，马丁松保持比较自由主义的姿态而不是像高尔基那样向左倾斜；一个更关注自然而一个偏重社会问题。马丁松虽然童年生活非常不幸，是个弃儿但是在自然中寻找慰藉，一度表现出光明乐观的生活观，确实让人感到特殊。最后的区别是，高尔基成了官方文学的代表人物，而马丁松进入了瑞典文学的权威机构——他在 1949 年被选入瑞典学院的。一个母亲抛下的弃儿，一个没有上过正规中学和大学的人，因为文学创作的成就，居然坐上瑞典学院院士的座椅，甚至还拿到诺贝尔文学奖，这反映了瑞典社会近百年的巨大变化，它的进步和宽容。

《阿尼阿拉号》出版于1956年，其写作则从1953年就已开始。二次世界大战中美国在日本广岛投掷原子弹，不久后苏联也在1949年试爆第一颗原子弹。美苏对垒，资本主义世界与共产主义阵营较量，资本和极权分庭抗礼，冷战加剧，使得整个世界处在核战威胁之下，这种形势对马丁松的思想发展很有影响，他担心地球被毁灭。这种担忧是他创作此部长诗的动机之一。另一个促成马丁松创作此诗的动机是他喜爱用天文望远镜观察天体，在晴朗夏夜的星空中寻找到了仙女星座(Andromedagalaxen)。马丁松为自己看到的景象而惊奇，在一种如梦如幻甚至痴迷的状态中，他写下29首诗歌，以"有关杜丽丝和米玛的歌曲"(Sången om Doris och Mima)为总标题，1953年发表于文学期刊《蝉》(Cikada)，这些诗歌后来就成为《阿尼阿拉号》最初的基础，诗人后来又不断增添新作，直至1956年成书出版。据说，遨游太空也是诗人梦寐以求的愿望，因此瑞典首位太空宇航员克里斯特·福格尔桑(Christer Fuglesang)升空时还特地将《阿尼阿拉号》诗集和音碟带在身边，象征诗人梦想的实现。

《阿尼阿拉号》首先是一部叙事性诗作，描写人类因地球受到放射性物质毒害而无法居住，被迫乘坐飞船离开，迁移其他星球，但阿尼阿拉号飞船事故频发失去控制，脱离原定航线，乘员也束手无策，只能听任飞船在渺无尽头的茫茫太空中坠落，面临最终毁灭的命运。

如今看过《星球大战》之类科幻太空影片的人，可能已经对《阿尼阿拉号》中的太空描写司空见惯不再惊奇，但是马丁松创作此诗的时代，人们对太空的了解还非常有限，太空让人感到神秘，因此这部诗作当时给人以想象奇特、耳目一新的感觉，是太空文学的前卫作品。

《阿尼阿拉号》展示了诗人对自然科学的浓厚兴趣，似乎可以归类科学幻想作品，但其实依然属于文学隐喻，也是对人类生存困境的思考，副标题"对时空中的人类的一次检讨"就表现出作者这方面的用心。和当时在欧洲兴盛起来的存在主义相比较，马丁松的思考，不仅针对个人的生存危机，不仅表达人生的荒谬感，也着眼整个人类的前途和地球的命运，是对自然环境的关注，并有对极权的批判，所以具有更宽阔的视野和胸襟，也更具理性，同时又不失丰富甚至狂放的想象。而且，就诗人对地球环境的担忧，以及对人类提出警告而言，这部作品也是世界环保文学的前驱之作，故被称为卡桑德拉式的作品(卡桑德拉为古希腊神话中能预见未来灾难的人物)。在诗人看来，地球最大的灾难，来自人类自身。在第26首中他写道：

几乎一切灾害人们都会提防，
无论火灾风暴或冰霜的灾殃
算上你能够想到的任何情况。
对人类自身之害却无可抵挡。

而在第100首中他又暗示，人类居住的地球本身，就是一艘将要毁灭的“阿尼阿拉号”：

太空的残酷远不及人类残酷
不，人类的冷酷更无可匹敌
地球上随处可见死牢的荒凉
石头筑起高墙围困囚徒的灵魂
冷凉的石头在沉默中听到回答：
这里是人类主宰。这里是阿尼阿拉号。

《阿尼阿拉号》以其深刻的思想、宏大的结构和丰富的想象，成为瑞典文学史上一部里程碑式的诗作，在世界文学中也不可多得。甚至有评论家认为，就反映时代发展而言，它的意义相当于歌德的长诗《浮士德》。

《阿尼阿拉号》中的一百零三首诗歌风格多样。有的是韵体，有的是自由体。不仅有叙事的部分，也有富于深刻思辨的哲理诗，还有的是通俗的民歌谣曲，诙谐活泼，琅琅上口，可以谱曲而唱。事实上《阿尼阿拉号》也数度改编为音乐剧演出，最近一次是在 2010 年，颇受瑞典民众的欢迎。

《阿尼阿拉号》对于瑞典文学语言美的发展卓有贡献，使思想也披上优美的外衣，因此促成作者获得诺贝尔文学奖。马丁松在此部诗作中还使用了很多自创的和现代科学及异国文化有关而又具备抒情诗韵味的瑞典语新词汇。这些自创词汇的意义连瑞典人都未必能了解，翻译成外语也就更加困难。此外，要保持原诗语言的新颖和优美，押韵上口可读可歌，使得译成的文本依然是诗意的文本，对任何语言的译者都不容易，所以至今为止这部作品的外文译本语种并不很多，好的译本更加少见。这也是《阿尼阿拉号》在北欧之外影响一直有限的原因。

将《阿尼阿拉号》翻译成中文是译者久存心中的愿望。要忠于原诗而又使得中文译本也具有本土诗歌之美，难度确实很大，对译者无疑是一种挑战，同时又是一种诱惑，一种探险。现在中文译本成书出版，并不说明译作已经达到目标，更谈不上完美无缺，只是译者庶竭驽钝，尽力而为。发表译作更能够供读者批评指缺，以便再做修订。文学翻译其实永无止境，可以不断更新，不断完善，甚至还可以推倒重来，这也正是本人作为译者，感到文学翻译趣味无穷的原因。

在此我要感谢瑞典学院(Swedish Academy)向我提供的支持和慷慨资助，感谢瑞典马丁松学会特别是会长约然·拜克斯特朗(Göran Bäckstrand)先生的支持，为我提供很多相关资料。感谢瑞典艺术委员会(Swedish Arts Council)为本书翻译出版提供的支持。感谢海尔格·阿克斯松·约翰松(Helg Ax: son Johnson)基金会和瑞典锦连环公司(Jinring InternationaI AB)董事李少赢的资助。在翻译过程中,瑞典汉学家如瑞典学院院士马悦然教授、林西莉教授,斯德哥尔摩大学中文系罗多弼教授及盖玛雅、杨福雷等诸位博士也提供了很多宝贵意见,在此一并致谢。感谢上海世纪出版集团的老朋友邵敏先生,促成本书的翻译和出版。感谢我的老友、诗人赵健雄和诗人严力等帮助我对全部译文做了修订,为中文译本增添诗意。最后,我当然要感谢我的妻子安娜,如果没有她的支持,和她在瑞典语方面给我帮助指点,以我自己有限的瑞典语水平,绝对不敢接受这一挑战。

万 之

2012 年 2 月 11 日定稿于斯德哥尔摩

阿尼阿拉号

1

我和杜丽丝的首次会面流光溢彩
交相辉映使光彩自身更美更可爱。
简单地说这是我和她最初的会面
我与杜丽丝如此简单的一次邂逅
现在是人人都能看到的一张图片， 1
每天陈列在所有登船闸口的大厅
那些大厅将逃难者输送到出发区
为了把他们紧急转移到苔原球体
这些年地球已落入如此糟糕境地，
迫于放射物质的毒害她必须休息
需要一段时间静养并且隔离检疫。

她写卡片时五个小指甲闪着幽光
就如微弱灯盏穿过这昏暗的厅堂。
她会说：把你的姓名签在这一行，
我金发的光泽洒下来的那个地方。

她会说：你们得好好保存这张卡
在某些危险发生时一定要带上它，
哪种危险在二百零八页有所说明
这样的危险能够震撼大地和时间，

那时你们要带着卡再回到这里来，
在此栏旁边把内心想法仔细交代。

那时您希望去往火星的哪个部分，
东部还是西部苔原请在此写清楚。
而那栏中说明人人都要携带之物
是罐子保存的没放射污染的泥土。
至少三立方英尺泥土要我来封存
并将每个旅行者的份额做好记录。

2

她以矜持的目光把我轻蔑地打量，
那是美人环顾四周时常有的眼光，
看人群如何依仗法律弯曲的拐杖，
在这出发区的楼梯上面爬下爬上。
走向这通往其他世界的紧急出口，
她看着越来越多人不断消失逃亡。

生活里这种巨大的荒诞
对每一个人都显而易见
年复一年全想找条裂缝
释放进一道希望的光线
挤满无数移民的大厅里，
每听到宇宙火箭的汽笛
人们就会纷纷起身站立。

译注："杜丽丝"本为古希腊时帕纳索斯山麓北部的一个地区名称，马丁松用来象征地球的自然与知识之美。仅在第一首中表示一个女人的名字，而在《阿尼阿拉号》其他诗歌中均代表地球。

2

飞船阿尼阿拉关舱汽笛发出信号
让发射架按众所周知的步骤伸出
导向陀螺仪装置也开始拖拉牵引
飞船头部将朝上指向顶点指示灯，
电磁线圈开始释放发射架的力量，
很快发出零位信号启动发射进程。
就像是一个没有重量的巨大蚕蛹
阿尼阿拉号开始毫无震荡地转动
在没有干扰的状态之中离开地球。
一次纯然按部就班无风险的启动，
一次陀螺导航发射架的正常发射。
谁能事先料想到正是这一次航行
注定要成为独一无二的太空旅程，
它把我们与太阳和地球彻底分开，
也离开火星水星离开杜丽丝山谷。

3

为避开小行星宏朵(经计算才发现)
紧急转弯使我们冲出原有航线。
我们错过火星,偏离它的轨道
而且为了绕开木星的强大磁场
4 我们自己定位在艾斯十二曲线
它属于玛格达莲娜磁场的外环,
在那儿和大量狮子座群星相遇,
只好选择进一步朝优寇九飞去。
萨利十六磁场旁我们尝试返航
最终还是不得不放弃这种设想。
正在转弯时又遭遇一个岩石环
排列出花托形状的回波仪图像
我们曾急切搜寻它空荡的中心,
找到了却处于极难观察的角度,
那条通道成为萨巴装置的死路,
它被大量太空卵石和碎块击触。

岩石环移开太空又重归清明,
我们却已经没有返航的可能。
现在只好调转船头朝向天琴
任何方向变换都再无法实行。

身处死亡空间却还算是走运，
因为重力装置并没失去功能。
甚至加热管道以及照明系统
也能照常运作不受什么干扰。
其他的设备中有一部分损坏，
但是损坏程度较轻可以修复，
现在面临的灾难已确定无疑。
但我们希望米玛能坚持到底。

5

译注："米玛"(Mima)是马丁松想象出的电子设备，可以将从宇宙中接受到的所有信号转换成声音和图像，因功能神奇而被飞船乘客视为女神(原文首字母大写)。"宏朵"(Hondo)、"艾斯"(ICE)、"优寇"(Yko)、"萨利"(Sari)和"萨巴"(Saba)也都是马丁松想象出的星座名称或科技装置。

4

当太阳系关闭它最纯净的水晶闸门
宇宙飞船阿尼阿拉号上的一应俗众
与太阳的所有关联和承诺就此了断
意外的事情也便这样开始这样发生。

于是我们被抛到恐怖的太空
那玻璃般透明的无尽无限中
发出呼救信号“阿尼阿拉”却杳无回音。

尽管太空震波忠实地载运着信号
送出自豪的阿尼阿拉最后的报告
让它在宽大环圈中以球状和拱形传播
但讯息于空旷的太空中随即抛散失落。

恐怖中我们从阿尼阿拉发出求救信号
这信号“阿尼阿拉”却在太空中沉没。

5

宇航员要比我们镇定冷静
都是那种新型的宿命论者
只有旷远太空才能够形成
出自表面上不变化的星星
将人类对神秘的酷爱催眠。
死亡包括在他们的日程中
完全自然是一个清楚常量。
但第七年中人们还是看到，
他们也从恐怖陡坡往下望。

某个无人留意唯我关注的时刻
我读出宇航员面部变化的神色
悲伤就像是磷火发出点点微光
在他们明察秋毫的眼神里闪射。

这在女宇航员身上看得最清楚。
她经常坐在这里对着米玛发怔
随后那可爱的目光就开始变色。
一双眼睛闪出神秘莫测的光泽，
模糊不清扑朔迷离而无法判明，
眼睛的虹膜布满了悲哀的火焰，

如一团正寻找燃料的饥饿之火
于是点着的精神之光再不熄灭。

数年前有一次她曾经这样说道
按个人意愿自己其实希望看到
我们能平静地吞咽死亡的苦药，
吃一顿告别晚宴然后一了百了。
许多人肯定有和她同样的想法——
但乘客和所有那些天真的移民
几乎还不知道一切已多么糟糕
对他们来说责任全在掌船之人
而掌船之人的责任将持久永恒。

6

我们在米玛中收到信号
许多方向都有生命存在。
而具体地点米玛却不提供消息。
只有痕迹和图像，地形与只言片语
正在某处说着的话，但不知是何处。
我们忠心耿耿尽职尽力的米玛
竭其所能地搜索、搜索、搜索。
她的电子装置捕捉各种信号。
电子镜头递交上呈基本报告
筛选腔体聚焦装置尽力收集
不相干的第三万维网络数据
从丰富大量的信息流动之中
展现出种种图像、声音和气味。
但米玛不会告知其来源方向，
它们远在天外而且总是超越
米玛技术性能和信号捕捉能力。

她用图解的方式说明她如何捕捉她的鱼
在那些并非我们如今所在的其他海洋里，
也以同样的图解方式猎取她的太空猎物
那是在尚未发现的国度中的森林和山谷。

我负责照看米玛让移民保持安静，
用来自远方的图像激发他们活力，
那万千事物的图像并非人的眼睛
能够梦想看见，而米玛从不撒谎。
对这一点大多数人其实心知肚明，
米玛是不能贿赂的，也不可贿赂。

他们都知道米玛的非凡智力
还有筛选技术传输上的精密，
能力超过人类三千零八十倍
就算人想当米玛也望尘莫及。
每一次我进来启动米玛机器，
他们都像在圣坛前下跪行礼。
很多次我听见他们窃窃私语：
难以想像会有人和米玛一致。

米玛没有情感不是什么问题，
傲慢在米玛内部也没有意义，
一如平常她只提供各种图像
还有未知世界的语言和芳香，
尽职工作对阿谀逢迎毫不心动，
拒绝贿赂对任何高香无动于衷。

米玛不会注意这个黑暗房间里
一伙狂热的崇拜者正下跪顶礼

轻轻抚摸米玛的底座祷告祈求
恭请神圣的她为航行精心筹谋，
此次远航已然进入第七个年头。

这时我突然看清一切是如何变更。
所有这些人和移民开始渐渐明白
已经发生的一切其实是如何发生。
我们唯一拥有的世界是米玛世界。
在没有土地没有海岸的无边太空，
我们是朝着确定无疑的死亡前行，
米玛获得了权力安慰所有的魂灵
让他们做好准备保持安静和镇定
面对人类终究要面对的最后时刻
不论大家最终将陷落在什么处境。

7

我们依然追随在地球上的习惯
依然保持杜丽丝谷同样的风俗。
我们把时间划分为白天与黑夜，
还假装有着黎明、黄昏和日暮。
尽管周围的太空是永恒的黑夜，
那些依然住在杜丽丝山谷的人
也从未见到过如此清冷的星空，
但心脏已经和计时器一致同步
能够追随月亮升起也追随日出。
还有杜丽丝谷看到的月落日暮。
现在是一个夏夜，一个仲夏夜：
一小时接一小时人们彻夜不眠。
大厅里人人在如痴如醉地跳舞
除了无尽太空的观察值勤人员。
一直跳到杜丽丝山谷日出时分，
这时一切突然都变得清清楚楚：
一件可怕事实是她并没有起来，
生活在杜丽丝山谷已成为梦想，
而耽于米玛大厅更是一个梦想。

这个处在无尽太空之中的舞厅，

随后充满了人类的梦魇和呜咽，
以及没人再掩饰的哭泣和泪水。
于是舞蹈停止，于是音乐消失，
舞厅变得空荡，人人走向米玛。
米玛一度可以减缓我们的压力，
驱散来自杜丽丝海滩上的回忆。
因为通常米玛显示的那个世界
能摧毁我们记忆中离开的一切。
如果我们从来没有被米玛诱惑
从未将她当作神圣存在来崇拜，
就不会有女人在激动的颤栗中
如痴如醉抚摸这位女神的基座。

8

因为缺少真实，我们的灵魂被梦想磨损，
我们不停地用梦想磨擦着梦想，
每个新的人造物都成为一级梯子，
通往下一个布满梦想的虚空。
一切在远方的东西都成为我们的归宿，
确实，所有边界之外才有我们的支柱，
我向着杜丽丝山谷将我全部需求倾诉。
况且于永远的渴望中在那里栖身居住
那本身就代表健康，也是这里的生活艺术。

我们很少煞费苦心地去思虑，
伟大飞船那令人自豪的奇迹，
只在葬礼致辞时才突然想起
这个世界也就是我们的世界，
于是许多黑色思想纷至沓来，
在这封闭房间的拱顶内飞翔，
让四壁之间充满生命的回声
在静得不可思议的太空前行。
于是赶来米玛这儿寻求安慰
如此安慰其实可望而不可及。

成千上万人聚集成无尽洪流
挤满涌向米玛厅的所有通道。
或许在一瞬间我们突然想到，
飞船长度足有一万六千英尺
宽度三千英尺，而这拱顶下
聚集的人数已是八千个灵魂，
一切都造来用于大规模移民，
而这只是上千类似飞船之一，
全都同样庞大，有同样结构，
在去火星金星途中安全航行
只有我们这艘船被抛离航线
直到某天从天体定位器获知
我们已经不再处于内部轨道
但所有要做的事仍都会去做
为了能让外部轨道上的生活
变成一次先遣旅行和探测试验，
迄今通向下一轨道的最长旅行。

后来当这消息上报给了领导层
说再也找不到任何返航的可能
外层轨道的法则是另一种类型
和内层轨道法则类型完全不同
后者能清楚决定太空安全航程，
领导层起先是恐慌然后是冷漠
只在绝望的风暴之间设置安排

一个死亡世界情感的寒冷低落，
直到米玛成为灾难中的抚慰者
载满来自其他世界生命的标本，
为安慰所有人打开景象的宝盒。

9

米玛本身具有某些特征
随机带来并在特种电路上
发挥着它的特殊作用
这种电路人类的思想不可通行。
譬如聚焦装置内的 17
第三万维网络通道，
还有第九前置器闪光阶段的
动作信号，之后才由筛选腔体
处理一切数据，分配，综合。
发明者被自己彻底打垮
那天他发现自己创造的米玛
已经有一半在分析范围之外。
而另一半成了米玛自己的发明。
是的，人人皆知他改掉了自己的头衔，
羞羞答答承认这个事实：
米玛一旦成形就比他高明
而他不过是下属的米玛手。
米玛手已经死去而米玛依然存在。
米玛手已经死去但米玛自成一格，
而且继续前进，对自身更加清楚，
更明白自己的可能，自己的局限：

一个不会自傲的电讯设备，勤勉诚实；
一个坚韧的搜寻者，清廉而不腐败；
一个真理的筛选人，没有自身瑕疵。
当我看到虔诚的男男女女
如何在米玛面前下跪祈祷
那么，如果我这个阿尼阿拉号上
米玛的装配工和管理员被捕
谁还会感到诧异感到惊奇？
于是，他们向米玛祈祷时我自己祈祷
让发生的所有一切都真实无误
而米玛提供的安慰和恩典
闪烁着真正的安慰和恩典之光
这光在荒芜的太空为我们导航。

10

旷远而无生命的太空令人惊恐。
它围绕着我们的目光仿佛玻璃，
飞船上水晶制造的圆形舷窗中，
众多的星系静静伫立纹丝不动。
这时要珍爱那些梦幻般的图片，
那些图片全都来自杜丽丝山谷，
在这无水更无波浪的宇宙之海，
保存所有梦想，一切情感激流。
连最小的叹息也会如一阵微风，
让所有的眼泪似泉水一样喷涌，
而飞船本身像条鱼儿无声游动，
向无比遥远的天琴座群星追踪，
远到人脑已算不出距离或时间，
半分都不能够朝任何一边滑动。

一切都显示万物好像已经凝固，
冻结在一座永恒不变的山脉中，
像一块岩状水晶中的钻石颗粒，
能在各方距离明显无比的大厅
将这无穷无限从内部完全封闭。
然而所有烂得不能再用的词汇，

又错误地用在说明风景和山水，
尽管这些词汇和山水从来无关。
某个民族将这些词汇预先使用
却从未料想到他们损耗的词汇
在未来的某个时刻却非常需要，
飞向天琴座的这艘宇宙飞船上
恰恰成了它们最为适用的地方。

还剩下什么词汇可供我们使用？
正当我们现在需要每一个字词
回应距离不可测量的无边冥界。

我们不得不去搜寻其他的词汇，
用于将一切减少和压缩成安慰。
其中一个不文雅的就是“星星”，
文雅的是女人乳房和阴户名称。
身体最不文雅的部分倒是大脑，
将我们驱逐到冥界的多事之秋。

11

船尾那巨大会议厅的人群当中，
一个来自高层的男人起立宣讲，
他呼吁人们不要慌张不要绝望，
看待命运要用清醒的科学眼光。
他说发生这样的情况并非首次，
六十年前也有大飞船曾经失事，
飞船上一万四千男女全部死亡。
因为飞向猎户座遇到仪表故障，
船体以巨大的加速度落向木星，
最后被完全吞没在那荒原茫茫，
在星球浓密的大气层下面埋葬，
液化氢气构成罪恶的死亡床垫
近一万公里厚度充满极冷氨气
如盔甲将这恶毒之星团团包裹。
我们的飞船本来下场同样糟糕，
但还算幸运，并没有贸然撞到
任何星球或是它们的周边卫星。
相反在前面还有很漫长的旅程，
朝向某个极限的一次终生旅行
而这个极限无论如何总会降临。

12

乐队演奏幻想曲时我们步入舞场，
我领着旋转的这个女伴绝对超棒。
那是位来自杜丽丝堡的年轻姑娘，
尽管在阿尼阿拉号舞厅混迹多年
她直率地说她还是不懂其中名堂。
在她看来这里的人们跳的约格舞
和人们在杜丽丝堡跳的同名舞蹈
两者之间并无什么区别完全一样。

而我们跳约格舞时风格很明显
称为约格舞的一切都妙不可言
戴茜·杜迪在约格舞曲中扭动
还用杜丽丝堡的俚语咕咕哝哝：

敢情你丢了魂忒那个腻腻歪歪，
还不如学俺样俺从不傻坐发呆。

戴茜噘嘴说这没人唱催眠曲儿，
俺跳舞兴头正高你别泼凉水儿，
俺约会有人排队命好得没边儿，
跟你跳舞是给你脸你别跌份儿。

约格舞摇摆滑稽让我晕头转向，
自己心头那份悲伤已快被遗忘，
陶醉于约格舞的人们越跳越疯，
用杜丽丝堡俚语敲打死亡太空。

13

阿尼阿拉飞船加快了速度
冲向天琴座的第六个年头，
宇航长给移民们上了一课，
他手里拿一个精美玻璃碗，
用来比划讲解太空的深度：

我们慢慢开始认识到一个真相，
正进入的太空其实是另外一种，
和地球上曾经想像的完全不同，
那时太空一词总蒙着迷幻外衣。
我们开始认识到了自己的歧途，
要比起初料想的还要更加遥远。
认识到所谓知识实在是种无知，
出自一种万物皆能度量的认识，
以为这神秘的世界也有结构体。
我们现在意识到那所谓的太空
和飞船船壳周围玻璃样透明体
是精神，永恒无法把握的精神，
我们其实是迷失在精神海洋里。

我们的飞船阿尼阿拉号飞行在

任何脑盖骨内都没有的东西中
其实不需要什么脑子里的物质。
她在某种存在之物内向前飞行
并不需要通过思想所走的途径；
那是一种超越思想世界的精神。
是通过上帝、死亡与神秘飞行
飞船阿尼阿拉没有目标和轨道。
哦，我们是否还能够返回基地，
我们终于发现飞船究竟是什么：
上帝精神玻璃碗里的一个气泡。

我说说有关玻璃碗我听到什么
然后你们会明白，假如玻璃碗
足够长久的时间中没有人动过，
碗体内的气泡后来会慢慢移动
无比缓慢移到碗体内另一个点
那么一千年之后，这个碗体里，
气泡便完成一次玻璃内的旅行。

无垠太空展现了几乎同样情景，
光年计量的深渊形成一个拱顶，
阿尼阿拉如同气泡围绕着航行。
尽管飞船速度看起来如此巨大，
远远超过一颗快速运转的行星，
但以太空的尺度而言两者一样，

阿尼阿拉也就相当于我们所知
一个气泡在玻璃碗体内的速度。

如此清晰我怕得发冷赶紧逃避，
从米玛厅逃到充满红光的舞池，
在那里找见我的约格舞伴戴茜。
求她张开救命的怀抱给我庇护，
我恳求她让我进入多毛的阴户，
那里没有这种死亡的清晰冷酷。
米玛机舱里依然还有生命存在；
戴茜的阴户里活着杜丽丝山谷
当我们互相进入没有冷酷危险，
就把飞船周围的太空忘在一边。

14

一个叫“搔痒派”的邪教已经成立：
他们聚集起来让人搔痒也搔痒别人。
其中多半女人，为首的却全是男人
全都以所谓的“搔痒大师”自称，
那是个来自前飞船时代的老词。
《蓝色档案》里这个词就曾提及。
较老意义上和生育联系在一起
而且还和火焰多少有点关系。
我并不知道其他更多的词义。
当然在我还是小学生的时候，
一些场合看到过自然的火焰。
我记得，它点燃在一片松明之上
向四周散发烟气与光亮，
而且还能散发一些热量。
当人人都看过后，这松明被没入水中，
小小的多彩如画的火焰就此而终。
木柴曾是一种稀有之物，
存在于前飞船时代，但之后越来越少，
那是由于遭到核辐射的重重灾难。
我记得，我们站成一圈围看松明点燃，
大家都为此激动难耐。
哦，是很久以前的事了，太久太远。

15

我关闭米玛机，四处转转听听
听移民们所说，听船员们所论，
我听到一个老船员在讲诺比，
显然那是他的爱情传奇：

用常人眼光看算不上漂亮
苍白小诺比受过辐射烧伤。
曾三次重创几乎羽化而亡
但借助伽玛舱和特贝射线
又被再一次拉回人间。
苔原二号的疗养营地
阴沉病房中住了数年
之后乘坐廉价的飞船
从火星回到地球家园，
起先像过去救助难民还不断募捐，
送给火星金星上需要帮助的人员。

火星人要的是抵抗苔原寒气；
而金星人需要抵抗气候潮湿，
她是否精疲力竭？这无可置疑。
无论如何我深深爱上小诺比，
彼此数度相遇永远不会忘记。

那是在我几次去苔原二号之时，
一起憧憬的情景已经永存记忆。
那时候我只是一个志愿工作者，
在第十五飞船麦克斯号上效力。
这旧货轮早先飞金星继被改建，
将移民和物资运输到苔原球体。

第三十二次大战刚刚结束
三号控制计划已仔细执行。
你们都知道一切结果如何：
新的迪克登上了权力顶峰，
不投他票者入狱尝尽苦头，
其他人蹂躏之余挎上行囊，
用七号囚犯飞船押送他乡，
发配苔原九挖泥三年之长。
苔原九是所有贫民星球上
人能找到的最差苔原之一。
我们去过那里一次，表象无须再提。
孔卡时代带来的内在变化可怕愈益。
那无情的艰苦，那荒谬的温柔，
在孔卡上多次互换它们的位置。

那平均时间间隔中人类的良善
被移到了表示残酷的孔卡空间。
这个悲惨的控制者的林莽之地，
不得不赞叹米玛机的处理能力，

将人们忘不了的混乱数字弄齐。
这是个政治鬼魅的捉迷藏游戏，
人人在其中披上至少四种外衣。

译注："伽姆舱"（gammosal）和"特贝"（Tebe）也是马丁松想象出的科技词汇。"孔卡"（hålkort）则是工业时代工人出入工厂时打孔以便记录上下班时间的卡片。

16

十字形大门总是不停旋转
如此人流可以双向地疏散
从门中听到有些声音压倒嘈杂人声
其中混杂一切：犹豫、信仰和勇敢。

还听见弥散的歌声混厚虔诚
歌唱内容隐含了难解的神秘
想从太空之空和米玛视像中
寻找到不燃性或防火的秘密：

“很快就是我美妙的铸铁时代
那时我就能抵挡寒冷与火焰
当它消耗包围我安宁的生命。
很快就是我美妙的铸铁时代。”

但嘈杂声增大，人人都走向米玛
好像是在一堵哭墙边高声喧哗
直到米玛从隐秘世界带来安慰
显示来自一个遥远春天的图画。

米玛捕捉的信号中有过幸福彼岸，

数小时中间所有美好如光明点燃。
但是现在彼岸幸福世界一去不返，
它被抛入另一个无边无尽的空间，
这个神话已经沉没于屏幕的黑暗，
米玛也无法将这魅影的暗流驱散。

于是我们再次变得脆弱不停抖颤。

17

在你下赌注的推测深度
你表演虚假的深度潜水，
但搁此却一点价值全无，
因为这里没可抵达深度。
人人都能跟踪你的潜水
潜多远潜多深一切分明。
水晶中这从不让人惊奇，
都能看到操作如何进行。
转身回到你下潜的水面，
你的潜水现在我们不信。

有太空意识的人很少潜泳，
即使他不得不潜入波涛中，
也要迅速地返回脱下衣裤，
即科学提供的太空行走服
用于这大海上的小型远足。

他的任务就是要观察景物，
这个寒冷天堂唯一的云雾。
外面涂上了它自身的光泽，
长而硬的云雾乃白色金属。

看似伫立不动其实在行走，
速度之快能让人毛发直竖。
当阿尼阿拉号飞向天琴座，
那些人并不知道飞船速度。

一次我也被派到飞船外工作，
检查米玛电池装置是否出错。
从该处观察七八千米半径内
阿尼阿拉号俨然是庞然大物。
而看太空的星海我目瞪口呆，
这艘老船已远离杜丽丝山谷，
固执地从宇宙的桑给巴尔岛，
载着时间的牙齿飞向天琴座。
这类象牙在所有牙齿里最重，
上面标有意识图像坚硬名字
来自敌意而不可接近的世界
让阿尼阿拉号之旅不堪重负。

18

通过思想逃亡而尝试获救
或通过在梦与梦之间出溜
常常成为我们的行为方式。
将一条腿淹没于感情潮水
另一条腿支撑着感情死灰，
常常成为我们的站立姿势。
我对自己提出问题却忘记回答。
我梦想一种生活却忘记其活法。
我到过各处旅行却忘记了出发——
因为我被囚禁在这艘阿尼阿拉。

19

那女宇航员跨入米玛舱室，
并不说话而仅仅挥手示意，
那是要我启动米玛的表示。
她如此出色如此高不可及，

让你受伤就好像玫瑰伤你，
但并不像很多人说的用刺。
伤人的玫瑰总用玫瑰伤你，
可伤痕毕竟还是花刺伤痕，
更经常可能只是美的伤痕，
只是美丽火焰留下的痕迹。

到了第六个年头，美丽的杜丽丝
如今变成一颗越来越遥远的星星。
一个在我眼中如火球燃烧的太阳，
那光芒穿过让人眩晕的明亮太空
将它无限悠长的金针扎入我心脏。
距离近的时候她的燃烧比较宽广，
而远离时那针尖更锐利扎得更深。

我启动米玛机坐下来等待，
看美丽脸庞如何奇妙变化，

片刻之后又焕发出了光彩，
这女宇航员如此高不可攀，
美艳而矜持令人内心生寒。
但米玛运转时便一切不同。
白色脸颊立即焕发出神采，
热气腾腾充满了天堂醉意。
米玛向她显示太空世界里
存在一切高不可及的情欲。
她笑了，大笑得如醉如痴
好像突然被众神牢牢抓住。
正当她明显看来在极乐中
第三万维网改变米玛焦点，
其他世界的光波射进米玛。
美人面容转成另一种颜色。

我关闭米玛。她用于安慰人心，
不是为了让人害怕太空而战栗，
以为那和他们离开的世界无异。
那些我们在杜丽丝山谷生活时
纠缠我们所有人的痛苦和问题
一点都不适合对这位女人提起。
关闭米玛就算是我给她的爱抚，
因为米玛的真相是不能收买的，
那是一切造物直截了当的显示。

那个美人站起来对我点头示意
对我关闭米玛表示率真的感谢。
她在门边转身吩咐我给她电话
当米玛机捕捉到任何信息之时
她没有直说，但是我那样猜思。

热情的杜丽丝，善良的杜丽丝，
遥远的杜丽丝现在是星中贵妇，
如今成了令人思念的星中之星。
哦，我只想知道她在何方闪耀
航行第六年时她已经完全消失，
混杂在太空恒星群中难以寻觅，
我的高贵而美丽的星星杜丽丝。

20

人们长久梦想着捕捉这一切：
是昔日时光的种种遥远图景，
靠米玛从流逝的波谷中捕获
有痛苦也有早已用尽的快活。
逝去久远的波浪中图画翻转
又被抛入一条神秘回声曲线
在世界的空间中迷宫般回还。
太空所有流言在众人间流传。
穿过空间的坏消息源源不断；
好消息只能找到稀疏的痕迹，
因为善良不属于多事的生活，
它的光芒依然如故，
今年这般年年这般。

21

然而怀疑是种酸液能够腐蚀梦想，
比梦想者所做的梦还要多的梦想。
那种时候我们只能够通过米玛机，
再看到我们梦中图像的热烈美丽。
因此我储存那些与此切合的东西：
有安慰色彩又如生活本身的一切。
每当痛苦和烦恼从飞船快步掠过，
每当恐惧和忧虑折磨大家的神经，
我就供应米玛机储存的奇梦幻景。

22

然而负责检查我们眼睛的医生
看到生命欲望如何在眸中失存。
他在湖一般的泪腺处不由退缩
那里再也不会有鳄鱼涉水而过。
在米玛舱室里这样的泪河滔滔
是对杜丽丝葱茏山谷高额酬报。

尽管如此看上去那些眼泪
其全部真实性不过是凉水，
来自某些深处却毫无感情，
它们坠落得实在过分透明，
如纯净雨水没有尘埃接触：
思想的飞船上清明的泪珠。

23

我们在首席宇航师那里得到支持，
他通晓遥远星球火焰的一切知识。
但是首席宇航师自己的大脑里，
理性之星却突然熄灭光芒消逝。
他被所有的期待逼迫到绝地
脑子崩溃而死于灵魂的缺失。

24

无助感以自己的方式狂暴发作，
既亵渎着太空，也诅咒着时代。
很多人已然觉悟：漂向天琴座，
是不得不遭受的一种公正惩措。
因为我们遵循空间的严格法则
于这精致棺椁之内将自己闭锁
在此庆祝我们将自己活活埋葬
直到丢弃全部的傲慢放下权杖。

再过数千年数万年或者数十万年
某个遥远的太阳将抓住一只飞蛾
它扑向那个太阳就如同曾经一度
在杜丽丝谷的仲秋时节扑向灯火。
然后我们停止对重重太空的担忧，
然后人人都在阿尼阿拉号上沉睡
而米玛厅里一切都可能面目全非。

25

我们在这精致棺椁里静静航行，
不再如早先伤害折磨所居行星，
也绝不再散播更多死亡的安宁。
这里我们能公开提问真诚回答
当迷失了方向的飞船阿尼阿拉
在荒凉太空中离开羞耻的年华。

26

石头般聋哑的人开始描述
他听过的最坏声音。那听不见。
不错，正值耳膜被炸碎的时刻
传来一阵悲伤的苔草飒飒声响，最后的声响——
那时光电装置炸掉了杜丽丝堡。
那听不见，这个聋哑人结束他的描述。
当我的灵魂已被炸成碎片
当身体也已经被炸成碎片
当一百平方公里城市地面
被炸得内外颠倒扭曲错乱
我的耳朵再也不可能听见
那时光电装置正疯狂炸毁
叫做杜丽丝堡的巨大城阙。

已死去的聋哑人就那么说话。
但是，有人说石头也会叫喊，
所以这个死人是在石头里说话。
他从石头里喊出：你能听见吗？
他从石头里喊出：你没听见吗？
我来自的那个城市叫杜丽丝堡。

于是那个盲人就开始讲述。
讲述那道令人难受的强光
让他变瞎成为盲人的强光。
他无法详细描述那道强光。
只提到一个细节:他是靠颈子看见。
整个的头颅都成为一只眼睛
被超越爆炸范围的强光致盲
在盲目依赖中被提起并带走
带入死亡的长眠,但根本无法安眠。

正在这点上他像那个聋子。
于是有人说石头也会叫喊,
所以他和聋子一起从石头里叫喊。
所以他们互相呼应从石头里叫喊。
所以他们跟着卡桑德拉从石头里叫喊。

我快步冲向米玛,好像自己能够
用我的呼救阻止这场残酷的屠杀。
但她所显示一切清晰得不留情面,
摄下火与死的镜头直至最后一刹
而我转身向着其他乘客大声叫喊
为杜丽丝之死我的痛苦无以复加。

几乎一切灾害人们都会提防,
无论火灾风暴或冰霜的灾殃

算上你能够想到的任何情况。
对人类自身之害却无可抵挡。

需要之时却没人能看得分明。
不，只有当梦想被粉碎之后，
那本是内心积存起来的梦想，
借以在罪恶寒冷岁月中苟存。

于是米玛被一道闪电般蓝光弄瞎，
而我对席卷地球的灾难哑口无答。
这可怜的星球经受着强光的冲击，
撞入我的心脏就如打开一个创伤。
而我这个米玛忠实但无知的牧师
在变冷的血泊中接到罪恶的消息
杜丽丝已在遥远的杜丽丝堡安息。

译注："石头也会叫喊"出自《圣经·旧约》(摩西书一 4:10)。"卡桑德拉"请参阅译者前言。"光电装置"(fototurben)也是马丁松发明的词汇，其实指原子武器。

27

我在戴茜那里乞求最后的安慰
她现在已经是女人中最后一位
还能说出美妙的杜丽丝堡语汇，
而我是最后一个能懂她的男人，
听她灵巧舌头发出鸟鸣的清脆，
叽叽喳喳用杜丽丝堡动听词汇。

过来抱一抱花一花，戴茜引诱着。
去俺的房间给俺唱个催眠曲儿
俺约会人排队俺命好得没边儿，
跟你跳舞是给你脸你别跌份儿。

而我知道杜丽丝堡已荡然无存
已被光电装置永久地夷为平地
戴茜爱怎样我也只有让她怎样。

打破这种魔法又有什么意义，
只有戴茜一人中魔不知底细，
跳舞之后躺着蠕动色眼迷离，
不知忧愁毫无悲伤如此惬意。
她根本不知道几个小时之前

杜丽丝寡妇之名已授予自己。

她催我跟着唱于是我跟着唱，
唱那支十分熟悉的铸铁民谣，
唱在战争中融化的贡德城堡。

戴茜不知底细快乐地叽叽喳喳，
她整个生命就是围绕快乐旋转：
约格舞曲中唱着这支快乐颂赞。

如果去打断她那我将是个畜生
那是她自己赢得的活生生魔法
出自乳房和那乐于性爱的心脏。

她像在高烧中胡言乱语直到沉睡，
而我们周围的阿尼阿拉仿佛麻醉，
却并未入睡。思想明晰而又清醒，
时刻警戒着被它弃置在那的地球。
只有戴茜心跳如常没有一点危险，
当清醒的巫女骑着阿尼阿拉奔走。

28

杜丽丝堡融化消失米玛随同遭殃
数天中受到光电装置的严重影响，
第三网路像在拼命抵抗一块云团
一块遥远浓密而带着羞耻的云团。
到第三天米玛要求放弃视域图像。
到第四天她对我提出了一条意见
有关康托尔装置扫描信号应答器。
直至第五天她才慢慢恢复了稳定，
获得从较好世界发来的一个讯息，
于是她的核心装置再次闪烁明亮。
全部能量都在恢复健全之中一样。
但第七天米玛核心装置又有杂音，
那是过去我从未听过的嗡嗡声响。
无动于衷的第三网路探头已关闭，
报告显示现在它失明根本看不见。
而突然间米玛发出召唤要我上前
我在战栗中，进入她的内部载体，
一直走到那令人惊恐的部分前面。

我站在那里被惧怕抓住发着冷颤
内心充满对米玛现状的焦虑不安，

米玛声像装置突然开始对我说话，
采取更高级张量理论的方式表达，
那是她日常工作运用最多的语言。

米玛要我向飞船高级指挥部报告
有段时间她像石头一样良心发现
也早已听到过石头们的好心叫喊
是遥远杜丽丝谷石头那样的叫喊。
当石头与矿岩融化而蒸发成雾气
她看见过花岗石熔岩白色的哭泣。
那些石头的痛苦也让她万分叹息。

米玛核心装置因为这种酷行变暗，
那是人类在罪恶年代显现的凶残，
长久等待后她终于落入那种境地，
以米玛的方式最后完全崩溃瓦解。
只有无动于衷的第三网路的探头，
看到肉眼没有能看见的成千物体。
现在她以万物的名义要维持和平；
现在她再不愿意显示更多的图景。

29

但一切都已太晚，我来不及制止
所有人都蜂拥着向米玛大厅挤去。
我大声尖叫呼喊要他们转身离开，
但是没人听从，因为人人都渴望
亲眼看看到底发生什么危急情况，
尽管恐惧令人更想逃出米玛大厅。

一道闪电般蓝光从米玛屏幕射出，
一片隆隆的雷声在米玛厅中翻滚，
正像杜丽丝谷一度能听到的雷鸣。
恐惧发作抽搐传遍了我们这群人
当米玛在太空的阿尼阿拉上死去
众多移民也在拥挤中被踩成齑粉。

米玛最后发布的话是一个问候
来自一个自称为被炸毁者的人。
她让那被炸毁者自己出来作证
结结巴巴用被炸毁的声音宣讲
人在被炸毁时是怎样痛苦难当，
时间如同加快了速度得以延长。

在生命的呼号中时间加快速度，

人被炸毁时每一秒钟都在延长。

恐怖怎样被风吹入，

惊惧怎样被风吹出，

人被炸毁时无论怎样都痛苦难当。

30

现在惨剧演进到最痛苦之时
我在米玛厅长久地默坐忧思
而那个恶魔还从遥远的空间
将黑暗射线风暴发至米玛机。

绝望中我搜肠刮肚想法修复
让神圣米玛重建安慰和艺术
并且在女神胸部的奇迹中心
使用张量器装置做修理手术。

但有声球体的声音已经沉寂，
感应台也只能接受一种信息，
来自一个愚蠢的皮奥夏精灵，
智力迟钝还不及人类和上帝。

此外我还被一堆人重重挤压，
他们又推又搡并扔给我脏话，
而我本来就被压到了最底下，
内心已让远方来的灾难压垮。

而一把手，飞船的铁腕老大，

每天进来对我百般诋毁丑化，
明摆着一副幸灾乐祸的样子，
还总是恐吓要将我绳之以法。

为把自己的角色弄得更加神秘，
他经常在飞船上玩弄一些把戏，
邪恶地对人们的灵魂发号施令，
让人相信冥界才是我们目的地。

玩弄这种手法他天天心满意足，
还从鬼魅一般的太空得到援助，
给他带来那种不同凡人的印象，
驱赶他的人民走向衰退和虚无。

译注："皮奥夏"(beotisk)原指希腊中部某地区的人，其他希腊人认为他们比较愚蠢而无文化教养，后人一般用来指愚蠢的人。

31

一把手现在下令执行迫害，
我和很多人都不得不躲藏，
钻进飞船最下面的庇护所
等待这愤怒之碗把水倒光。

那里坐着各个分支的技师，
均与第四张量的学说相当，
一面不停污染清洁的思想，
一面用荣誉替自己做装潢。

无穷困惑中人们寻找证据，
证明米玛的毁灭罪在我们，
每个人都玷污了她的屏幕
各自的思想阻挡图像游走
各自的梦想弄脏安慰之水
污染米玛光力和太空射流。

我们设法证明我们的无辜
不用公式也要让人人有数
以多数人活在其中的语言
总结出一点点可怜的眉目。

但本来想说明一切的这种语言，
成了蒙眼游戏让我们自己糊涂。
这游戏需要躲开词汇玩弄盲目，
太空灵魂视之却一切清清楚楚。

然后我们尝试哑语用手势比划，
就好像身处最野蛮原始的部族
重新从千万年前开始牙牙学语
最低的时代层面也把精神构筑。

我们杜撰仿佛树木植物的字符，
我们勾画有着许多支流的江湖，
试图依赖这些拼写文本的帮助，
让大家靠图画理解到一定程度。

但在这远离公式国度的语言中，
我们自己也只找到生疏的声调，
正如我们想帮他们学习的课程
其实自己也只是知道一点皮毛。

然而结局是这个仲裁法院
本该让我们免受太空审判
荒诞无稽中变得一片混乱
而彼此间的桥梁照样空闲。

32

用一个测试标志风格的体系
对米玛公式周期一层层测试，
在数年内我得到这样的训练
能够看穿一切如同透过玻璃
米玛自飞船大厅损坏那天起
我在第三年中看到更多信息
观察到法则传输机内部机密
这部仪器决定着升高或降低。

因为这个发现我几乎要发疯。
深刻而不实的快乐过分醉人，
将我的灵魂在万物存在之所
变成空间而同时又变成眼睛。

随后我被带出飞船底部的牢房
——也是关押那女宇航员的地方——
回到神圣米玛所在的那个船舱。
谣言流传。我听到快乐的大笑。
人人都在谈论发现的大量宝藏，
米玛在星光之夜重新璀璨发亮。

33

然而每个解决方案中都藏着一个谜语。
我在米玛厅高兴过早那真是白白欢喜。
此刻我已看到那把钥匙但须透过墙壁，
隔着太空透明玻璃深厚百里的水晶体。
若是没有以往支持我的米玛提供支持，
我蹒跚不前摇摆不定，精神营养枯瘠，
思维的力量在惊讶困惑中被消耗完毕。
我发现一个镜子世界可以从米玛分离
忽隐忽现扑朔迷离在米玛的底层死去。

陷落在米玛残骸中仿佛陷身燃过的焦土
看着米玛怀中我仿佛看一个熄灭的火炉。

34

我属于米玛没有自己的名字
只被人称为米玛操作员而已。
我发的毒誓叫做太空飞船咒，
我用的名字试航时已被勾销
并且在此后不得不永远忘记。

而对女宇航员伊萨格尔来说，
她的地位就决定了她的名字
那个名字其实只是一个代号。

她内心珍藏的名字我不能说，
她悄悄告诉时紧贴我的耳朵。

她眼睛里有无可言说的光芒，
不可接近而依然悦人地明亮：
当神秘具有的美丽压倒人心
这种神秘常常具有光的力量。

她描画曲线，指甲闪闪发亮
如同乳白灯光穿过昏暗船舱。
她说：跟随这条曲线的读值

我悲伤的黑暗在此投下影子。

于是她从秘学控制台站起来，
那思想的闪光让我茅塞顿开。
我们的目光相遇，灵魂相对，
默默站立，她让我衷心崇拜。

译注："秘学控制台"（Goptabord）是马丁松想象的太空设备。"秘学"（Gopta）本是梵语。

35

但太空的严酷迫使我们转向仪式
还有自前飞船时代以来再未练习
现在多半已经被遗忘的祭坛神事。
阿尼阿拉号飞船有四种宗教形式
有庙堂敲钟、十字架和神父牧师，
有阴道崇拜和闹哄哄的约格舞女
还有搔痒派信徒不停地哈哈嘻嘻
在太空各显神通，互相挤来挤去，
争着将这永恒而巨大的荒漠占据。

我的职务是担当米玛操作人
也负有看护所有迷梦的责任
当幻想破裂将米玛墓室腾空
当利比多信徒和享乐派一起，
在邪教性舞中围住它们的神，
所有游戏所有声音交织与共。

36

我看着那些将自己打扮靓丽的女人
——对她们来说这事一点也不麻烦。
瘦睡伴约格舞女雅儿还在那里闲转，
她的爱情权力眼下正达到最高峰巅，
这儿站着利比黛尔，来自金星绿原
彼处高产多育总是原始丛林的春天。
紧贴着沉迷在约格舞蹈中的赤巴巴
肥腿上还佩挂着一种坎迪式金饰物
胖妞吉娜站着，身边一片唧唧喳喳
那是由她管教的初出茅庐的女学徒。

一度我在某个想法中找到支持：
要在这里布置成千上万面镜子，
为大家提供镜子能提供的一切
经由反射而虚幻地扩张的空间
光学原理可让每英寸宽度展开
达到超过八千英寸的虚幻深度。
当我们从八十个大厅取来镜子
把二十个大厅如此这般地布置
那么结果将大放异彩完美合适
足以让我在四年中用反光玻璃

叫那些冻僵的灵魂在这里迷失。
为了让目光从我们的航线移开
转向众多镜面构成的极乐世界
我必须制造出这样的视觉效果
而迷乱靠米玛大厅的镜子提供
有时甚至我自己也来跳约格舞
还拉上杜丽丝堡的戴茜·杜迪
也和赤巴巴跳以及雅儿一起跳
我的身影在米玛厅镜面中飘摇。

我看到他们成双结对精神焕发
变成约格舞女邪教徒让我赞赏
镜子间他们被舞曲激动而狂扭
被镜面反射映照出八倍的形象。
约格舞转圈他们看到各个方向，
可以自我欣赏好像旋舞在天堂。
个个带有反射出来的八倍光芒，
赤巴巴一变为八而雅儿也同样，
还有吉娜也在扩展八倍的舞场。

瞧瞧利比黛尔如何用灵巧的手
将某个来自杜丽丝的男子挑逗。
再瞧瞧赤巴巴在约格舞圈子里
对着镜子的虚无缥缈旋转不已
其中有八个房间的赤巴巴对跳

重重叠叠显摆她的胸部和大脚。

当镜中舞在镜中大腿上颠狂
每个物体都能展示全部幻象
这幻象在约格舞厅开辟道路
通向镜子深渊通向镜子山谷。

37

欲望和虔诚互相拥挤着向前，
一驾辕套拖着车厢滚滚而来，
辕套由那些邪教男女们组成。
伊萨格勒用力举着冰冷灯杆，
上面高挂代表这邪教的灯盏。
八个利比多女跟随利比黛尔
隆重走来占据位置躺下等待。
于是全都被阴道的火焰温热，
满意而倦怠地躺着仿佛睡眠。
伊萨格尔折下灯杆走到前面
用灯盏触摸我们的圣匣三遍
对备极哀荣的米玛坟墓祝愿。
一阵沙沙声传来像河边苇语
心绪平和且摆脱欲望的雅儿
这时停留在圣匣边柔声低诉
向这位女神的灵柩默哀求助。
当伊萨格尔利比黛尔及何巴
与赤巴巴在墓边组成唱诗班
吟起有关这日中之日的圣歌
雅儿面容神态如此安宁祥和。

38

有一个冬夜，美丽的利比黛尔
坐在米玛厅后面她的化妆间里，
大腿佩戴着铃圈和一个菩萨猫；
肚脐窝里还挂着镜子作为装饰。

胸部乳沟有颗闪烁的心形首饰
而她乳房温暖着首饰上的钻石，
在乳头周围托起一个黑色花园
计算恰好能投上酒神杖灯光线。

各种期望潜藏在暗中施加压力
像野豹一阵阵低吼内含着杀机
随时准备将她的声誉撕成碎片
将它翻转在趁她宠爱失落之际。

要在这个邪教房间里主导游戏
她依然形体完美而且无懈可击，
但比基尼出丑的日子就会到来，
显示身材的错误多于激发敬意。

她已经开始掩饰曾做过的承诺

那承诺本距神圣只有一寸距离
臀部周围有种辛翁布拉式补偿
帮助将目光从那重大错误挪移。

但那些虔诚的信徒中有很多专家，
正秘密酝酿并加深着他们的怀疑，
不像过去她领导这个邪教时那样，
为进入她双腿间的阴户争相拥挤。

利比黛尔在战栗中整理她的头发，
感觉肚脐上的饰件就像是个伤疤，
但还是寄希望于那对巨大的乳房，
再加上两条诱人大腿的良好搭档，
让她在祭坛高位上再保一年时光。
而秋天已在邪教祭坛上风生水起
用残酷严峻的征兆宣示它的临降。

甜美可人的雅儿自信地站在旁边，
身穿太阳红短裙围腰和性感乳垫，
足够年轻可以等待她的岁月到来：
当一个美丽夜晚的星星坠落之时，
轻而易举地就能将利比黛尔取代。

译注：“辛翁布拉”(Xinombra)原为一个中美洲城市，毁于早先的一场大屠杀。马丁松用于影射二次大战时被原子弹毁灭的广岛。

39

一个之前从未有人预见的发现
由那个女宇航员伊萨格尔证验。
这天早晨她沉默地坐在秘学舱
埋头用心忙着做一条性学曲线。

此时她喊我到性学控制台去，
那里以临时想到的连接方式，
闪电般迅疾捕捉到她的发现。
欢乐呼叫着怀抱在自己心口，
那生气勃勃活蹦乱跳的灵机，
就由她自己快乐幸福地分娩，
诞生于她对大数法则的热爱。

我检查这孩子时我看得很清楚
他确实十分健康有公式的完满，
总是带着伊萨格尔自己的特点，
数字花园中她忠实服务的体现。

如果这个发现是在杜丽丝谷完成
如果那座杜丽丝谷城堡依然属于
为数不少的艺术家可以居住之地
那么其影响显然会十分迅速扩展

且深刻改变整个秘学理论的容颜。
但是在这里我们命中注定被置于
双曲线法则决定的这条航线上面
她的发现注定了不会有什么成果
只是一条美丽而空洞无用的定理
伊萨格尔如此高超把它发明出来
却注定要跟随我们飞船一同离去
越来越远奔向天琴星座然后消失。

于是我们坐在那里互相交谈
议论眼前出现的每种可能性
只要我们不是太空中的囚犯
不再坠入这虚无缥缈的空间
那么虽然悲哀却还是能坚持
拥有纯然思想的兴致和快感
我们可以一起在宁静中分享
我们在生命中还剩下的时光。

但有时伊萨格尔也泪流不止
想像到这太空如此巨大神秘
一切都面临永远坠落的境地；
她自己也身处已揭穿的秘密
能明白掌握却随之一起下坠

译注："性学"(Jender)是马丁松自己创造的词汇，模仿英语"性"(Gender)。"大数法则"(De stora talens lag)也是他的发明。

40

飞船船员的讲述

往苔原三号移民用了九年，
贡德撤退计划则用了十年。
我自己在第八号飞船服务，
和其他宇宙飞船轮番航行，
别纳号广东号贡德号等等。
五年中我们疏散三百万人，
将惊恐的群众运到新星球。
至今记忆犹新还如同伤口，
难忘景象多半来自出发区，
每次都是同样的混乱场面，
哭泣伴随咬牙切齿的模样
混合着航校新生快乐歌唱。
每天当龚德人的团体上船
人人都有孔卡护照身份牌，
急着逃避地球的罪恶耻辱，
出发时刻却还是畏缩不前。
但他们被自身数量挤向前
越来越靠近飞船的出入闸，
那里有几个老练的金星人，

眼里闪着金星之光查证件
还开玩笑说欢迎你们回家
从耶路撒冷前往天堂乐园。

所有内心不安皆被说服打消
直到每张孔卡都与此人相符
通过检验确认然后再被塞入
快速设定转动的微型卷动机
以便记录下每个得分或损失。
于是他们被提升到太空运走，
送往苔原星球的王国去锻炼。
其他人则去金星泥泞的岸边。
两个方向发生什么人人皆知。

另类的民族被关入黑暗矿洞
当作物体那样来消耗和使用
直到清理出来的人又被赶走
扔进尤格尔那边的飞船舱室。

这种残忍让人不可思议。
无法想象得用图像描述：
冷酷杀手每天当值上班
守卫插销、龙头和开关。
还有配备玻璃的观察管，
对准各个舱室内部监探

墙壁外边就有死神伺候
从不眨眼而且麻木不仁，
目光冷酷始终魔鬼一般
紧盯被捕者的殊死挣扎
对坚硬牢墙如赤石之卵。

但灵魂继续（责怪记忆已经太晚），
驶向到处楼房林立的二号苔原，
我与诺比曾想从那里出去远足，
享受火星未被辐射的自然春天。
那里有黑色郁金香骄傲地生长，
经受这个行星寒冷气候的考验。
而苔原上传遍公鸡嘶哑的鸣叫，
那是它仍属于简单国家的证言。
尽管饿得难耐还被多数人崇拜，
这种禽类最了解什么叫做饥寒！

况且我们要藉这样的植被居住，
此外那里只生长一种极地柳树，
如东瀛攀缠藤蔓且铁一般坚固，
叶子发黑几乎不可能当作食物，
对这冷冻的田地显示足够耐力，
只有公鸡才能把它们融解消化，
靠着嗉囊很多胃连成串的系谱。
他把这样的叶子当作美餐之际

就好像听到了最后的一道门栓
将生命幸存的可能性彻底关闭。

此时你能看到的是最后的嗉囊
公鸡吞咽时像是门栓咔嗒作响
看着的人都会因为震惊而战栗，
尽管在同一呼吸中也可能大笑。
在这个形态极度质朴的国度
诺比依然受其灵魂严格约束。
贫困艰难岁月带来其他规矩
而非自然安置好万物的年纪。
令她在寒冷星球的这些禁区
从柳树叹息中找到灵魂乐符。

当冻土开始融化而雄鸡啼鸣
她漫游荒野放声歌唱着春天，
柳树枝条在苔原上攀援蔓延
饥饿中间向半圆的太阳伸展。
她经常把柳叶寄往地球人间
写上：瞧这来自精神之林的叶片
灵魂的荒野上这里春风扑面。
你们当然明白我的内心充满。

那是罪恶时代：光电装置的火焰
将贡德转动成螺旋的蘑菇云团，

一个炽热气流构成的回环圆柱，
一个穿越杜丽丝谷游荡的城池。
与此对比，苔原二号上的空气
夸张的寒冷和清新更让人神往，
而那公鸡面黄肌瘦的贫困形象
化成火鸟一般的美丽湛蓝光亮。
因此诺比尽情享受苔原的呼吸
对照黑暗王国就完全可以理解。

因为这也是姑娘的一件杰作，
运用这些东西能做出新玩意，
这东西本来不难盘算。我相信
整个球体上不超过十种生物。

瞧她在监狱牢房之间走动徘徊，
和男人一拥而上时的无赖作派
像狼一般饥饿地扑来掀开锅盖
成群结队大吃大嚼这火星饭菜，
又干又瘦煮不烂咬不动的公鸡
能抵抗苔原厨师的每一个把戏。

但诺比是一个与众不同的女孩。
她看不出有什么可以责备指摘，
这些苔原男人会很快会被掩埋，
也同样会很快被萎靡的人忘怀。

她活过的岁月就像一幅讽刺画，
原模原样地直接在镜子里悬挂，
从未因为风格目的而抛光打蜡，
更别说被那种忧郁的目光变化。
每个犯人都害怕将自己的影子
投入这面要求映射真实的镜子。

我很愿意在这亲密回忆中徜徉，
想起这个女人曾经将一切分享，
一切称为苦难以及牺牲的陪葬，
但是现在它们的命名更加冰凉。
当祭坛变得愈发磨损鲜血流淌，
人们已经料到神圣将衰落消亡。

那是大自然活着的最后一个春天，
那个春天大自然被一阵狂风毁灭，
像暴风骤雨在山岭间沉重地肆虐，
将它的万钧雷霆布满灵德的国界。

只听见太阳一声咆哮，闪电四射。
但我还是听到呼号：桑布拉、桑布拉
呼号来自早已瞎眼和惊恐的灵魂
为了获得清凉而纷纷奔向上帝。
他们不知道上帝也是在火焰中
那火焰来自爆炸和污染的材料

用原始时代的火舌惩罚辛翁布拉。

外在世界的权力越来越大，
一切都像汹涌的洪水泛滥，
无法想象的岁月就此开端。
灵魂借助继承的精神遗产
竭尽全力保持自己的状态，
洪流还是将他们一一席卷。

他们负载的内在命运图像
被洪流击碎变得毫无意义；
他们一度自身构成的戏剧
也被衰弱无力的水流排挤
洪水松垮平常却不可抗拒。

就这样他们被粉碎成细胞
而在依旧照样索取的国家，
这个国家仍要求他们进贡，
不管灵魂结构是否被融化。

当人们被判流放苔原二号
对其所犯罪行的指控类型
依然是莫名其妙不知所云，

译注：桑布拉(Sombra)在西班牙语中指“阴影”，这里暗示原子弹爆炸形成的遮天蔽日的云团。

知道的是巨头的残酷命令。
知道最多的是那残酷命运
他们将在矿洞大口中遭遇
在巨大透明的城堡里忍受
出于一种理性监控的理由
城堡在铯矿边缘不停旋转，
在流放地城市安塔莱克斯。

上帝的王国其实与人世从来不同，
随着岁月流逝也变得越来越狭小，
而那些能够完成天堂之行的人们，
带去的首先是其身体而不是灵魂。

人们能看到众多大腹便便的头头
如何及时和灵德的山谷告别分手。
而我们不得不在飞船的栅栏入口
与这些无情推搡别人的公牛搏斗。

虔诚者本应站出来对付这种公牛，
及时地露出牙齿表示他们的憎恶。
而他们做出的柔顺模样有些过分，
公牛们很快把它变成永久的无声。
在所有的国家，那些柔顺的灵魂
都会乖乖死在那些粗野团伙手中。

那些羞羞答答的那些沉默寡言的
经常被留在伽玛射线毒化的山谷
从而以另一种方式送往上帝之国。
米玛大厅他们却从来没有进入过。

对此我作为飞船船员可以证验
在大地之球和光秃的苔原之间
我已经穿梭往返了整整三十年
这样一种职业会有其痕迹留现。

随着岁月流逝人们总有些事情可说
那些事情并非悬在蓝天中的白日梦。
如果没有诺比的相片可以品味欣赏
这样的日子还有什么价值苟活生存。

怀着对苔原囚犯的人性之爱情，
她为他们缝补清洗将自己奉贡。
要不然我绝对不会对你们讲述，
这个撒玛利亚女人诺比的生平。

译注："撒玛利亚人"（瑞典语原文 Samariten，英语 Samaritan）典出《圣经·新约·路加福音》第 10 章第 25—37 节中耶稣讲的寓言：一个犹太人被强盗打劫，受重伤躺在路边。有祭司与利未人路过但不闻不问。惟有一个撒玛利亚人路过，不顾民族隔阂，动了慈心照应他，在需要离开时又自己出钱把这个犹太人送到旅店居住。后来，在基督教文化中"撒玛利亚人"就指好心人、见义勇为者。

41

孩　　子

赤巴巴坐在她最美好之年
一个小棺材旁边快乐无限。

棺材上那小小的玫瑰花蕊
她已保护起来不让它长大
在阿尼阿拉号的城市里。

雅儿走进她最美好的年代，
看到棺材上的这个死婴孩。
用生硬明白的声音如此说：
你回家。我们自己留下来，
在阿尼阿拉号的城市里。

吉娜也来了。而她这么说：
孩子我愿带着敬意走向你，
决非假装，而是全心全意。
你进入梦乡没有缺陷污迹。
在阿尼阿拉号的城市里。

雅儿溜出来时何芭走进去，

无话可说，只是默默站立，

看孩子现在如何安静呼吸

睡在太空而飞往日中之日

从阿尼阿拉号的城市里。

42

利比黛尔镜前歌

性命小腰位置妙，
过来瞧瞧再抚摩。
性命小腰能达到，
只要有心请求我。

记忆犹新随身带，
曾经驰骋天琴座。
性命小腰丝边载，
最美能及我心窝。

骑手驰来把门敲，
离开琴座众荒漠。
用你种子我增腰，
最美能及我心窝。

愣在门外发冷呆，
进来温暖还靠我。
齐把寒冷挡在外，
热念异想梦婆娑。

利比黛尔受夸奖，

不似如今猪油抹。

身姿美艳人渴望，

如诗入画更婀娜。

译注：瑞典语“性命”(liv)又有“腰部”之意，马丁松在此用为双关语。

43

在米玛时代我们是赛场妖怪
全都选择聚集在米玛的周围
自己不冒险却听到看到一切
一切贡德国度的痛苦与竞赛，
每次兴奋紧张达到极点之际
我们嘴里也闻到血腥的气味
要求米玛的管理人重新接通
改换视野选择下轮其他打斗。
如此这般地调配我们的菜单
就成为一道更加丰富的飨宴
夜晚死亡与幸福的破晓兑换
为某个遥远城市抛出的问题
提供他们痛苦中急需的答案。
平均数字显示结果相当不坏
那时贡德国还被看作好国家
那里的日子曾经有很大改善
现在也足以对付邪恶的撒旦。

当我们自己旅行在这种高度
利用米玛不会受贿赂的耳目
将别人的痛苦转成音像声图

体验了辛翁布拉的雷霆之步。
尽管米玛对辛翁布拉的命运
看来像对杜丽丝谷那样惊慌，
我们愿跟随受难者直面死亡，
于是吃尸的土狼满足了欲望，
不用冒险也与狮子一起跳跃，
以便摆脱良心上负担的重量。

我们看到过多少这样的屠杀，
置身其外却像投入现场搏斗，
这已经多不胜数。我们看过，
他们如何伏倒而我们凑上去，
踏过他们去看下一波的好戏。

忠实的米玛再现这一切情景，
固定不变地清晰而图像完整，
即使有时我们看得目瞪口呆，
对眼前很多行为都感到恶心，
而这些行为是如此数不胜数，
记忆只能保存其中最坏部分。
一如冰山之角其他都被掩盖，
遗忘在不知道哪些悬崖之下。

44

七号厅里存放着思想索引卡，
很少有人查看，却意味隽永，
值得我们反复多次熟虑深思。
有位被称为思想之友的男子
给乐意前来听取的每个人士，
主动提供思想法则初步基石。
他对很多观念存废深表感伤
认为如能及时用于精神滋养
它们足以拯救眼前黑暗世界。
然而精神往往并不在场静候，
只好任其闲挂于衣柜被遗忘。

每当我们的空虚变得很长久
总会有人来提出查看的要求
梳理古老思想彼此交接替换
或许能够从中获得新的重音
将某简短季节在脑子里据占。

45

计算机总是忙于运转
计算着我们最低的希望
也总是先于思想的逃亡
粉碎我们思想的目标
其方式如此喜剧以致思想本身
在完美之冰上突然滑倒。
这时头脑就用头脑的方式嘲笑
思想滑道上露丑的自以为是者
现在思想野性从各个方向
被计算器的商数完全包围。
能做的一切就是耸耸肩膀
这姿势继承自从前的时光：
冰冷精神对痛苦荒凉的嘲笑，
一个世界上普遍的鬼脸。

46

我们日日聆听会出声的硬币
每个人身边都经常带着几枚
放入左手的指头唱机上玩味。
彼此交换着不同面值的钱币：
大家尽其所有力求玩得欢畅
那种袖珍唱机几乎毫无分量
人人手上就像有只蟋蟀鸣唱
这个无聊国度实在苍白无光。
幸亏有了戒指上的微型唱机
我们才与万物保持某种联系。
铜板继续演奏回旋曲奏鸣曲，
镍币依然歌唱主旋律副旋律。

双手紧托美丽脸庞
指头唱机贴在耳旁
只见何芭听着听着
突然缩手改换节目
指头唱机马上变得欢畅
约格舞乐流冲击着耳膜。
等我听完回旋曲询问她，
为何突然缩手？她回答：

我听见有人呼救还请求宽恕。

从这个贡德硬币能听到惊呼。

译注：指头唱机是马丁松想象出的一种微型手持音响设备，投入硬币就可演奏不同音乐。

47

有个数量哲学家和秘教徒常来，
他属于希伯来阿列夫数字学派，
将填好的问卷卡带给秘学装置。
默默地向靓丽的伊萨格尔弯腰，
然后蹑手蹑脚走出阿尼阿拉号。

伊萨格尔觉得问卷问题合理，
接纳他的这堆公式重新设计
用在秘学控制板第三思想位置。

当她变换着这些数字组合，
小心地将张量级别秘学化
将它们输送到秘学传送车
在上面抓紧太空员罗伯特，
脑托拉斯数量级忠实侍者。

当数量哲学家再次返回，
伊萨格尔尽力解释原委，
尽管罗伯特已全力以赴，
仍然没法做出秘学答复。
问题涉及奇迹发生频率，

这数量宇宙的大千世界。
看来和几率有很多巧合，
几率和奇迹有同一起源，
同一答复对两者都圆满。

我们称为数量家的这个人，
默默鞠躬悲伤地表示顺从，
蹑手蹑脚退出阿尼阿拉号。

译注：阿列夫(Aleph)本为希伯来文第一个字母，以其命名的数字学派是研究数字神秘性的神秘主义学派。

48

一个女诗人在我们世界出现
歌声之美让大家的灵魂升华
跳出凡俗自我升至精神白天。
她用火焰为我们的牢笼镀金，
还将天堂送入到大家的心间
让每个词从黑烟转化成火焰。

她来自一个叫做灵德的他国
有各种神话围绕着她的生活
汇集在一起成为神圣的美酒。

她自己乃是盲人，出生之时
就不见日光而只有黑夜千重
但是她的瞎眼却被看作源泉，
所有歌声来自黑而深的瞳孔。

而她随身带到这里来的奇迹，
是人类之灵与语言之灵游戏，
是幻想者玩弄祸兮福兮游戏。

幸福使我们沉默无话

美好使我们盲目眼瞎
太空无底无边她成为盲者
却在黑暗中创造灵德之歌。

49

盲　　者

我至此已走过的漫长道路，
从灵德通往那些不同乡土。
它就像我走向灵德的道路，
有着一模一样色泽的夜幕。
黑暗一如既往，一如永恒。
只不过这种黑暗更加寒冷。
这黑暗中蕴含着变化万层。
可忍受的黑暗全抛弃了我，
而这寒冷的黑暗过来驻守。
正对我的太阳穴。
正对我本属于春天的乳房
永远停留。
灵德山杨树荒凉的嘶嘶声响
在夜晚震颤。我开始发冷。
这是秋季。有人叙说枫树的燃烧。
我听见有人从我身边经过
赞叹着附近山谷里的日落。
这日落被描绘成红色
有辐射光彩和夜晚的紫褐。

据说正对着日落的是森林
朝向黑夜燃起熊熊的火焰。
人们还说那树下面的影子
越来越白就如同霜降来临
这些草叶就像夏季的头发
那么迅疾地变得灰白苍老。
我得到如下实际情形描述：
一片白霜朝向金色的图像
当夏季向收账者付完债务
变得寒冷，这图像就燃烧发光。
至于秋季的巨大挥霍这样描绘：
所有黄金都被抛进夏天的坟墓。
而那由此展现出来的华丽
就如一个吉普赛人的葬礼，
那些黄色和红色的布束
还有来自伊斯帕罕镀金般的旗帜。

而我沉默且冰凉地站在黑暗里，
只倾听那些我曾经爱恋的一切。
听它们在黑暗冰冷的风中消失，
白杨树最后的颤抖声传来信息：
在灵德国度，夏季将很快死去。

于是风转变了方向，
深更半夜里，

令人恐怖的黑与热到来。

我昏倒在什么人怀里，
一个迅跑过来的脚步，
让我惊悚恐惧。
在那样炽热的黑暗中
我怎么能知道这是谁，
当我倒下时抓住我，抱住我。
这是魔鬼还是一个人?
因为雷鸣咆哮有增无减，
热风膨胀成为狂飙，
抱住我的人叫喊越来越高声，
声音好像来自遥远的地方：
保护眼睛。它来了。你们会被光致盲。
这时我让我的声音尽量尖锐。
叫喊着回答：我是盲人，
因此我得到保护，我从来看不见，
但总能感受到我的祖国灵德。

于是这个人放开我飞奔逃命，
黑暗炽热的雷鸣中不知何处
只有远方突然而至的可怕雷霆
能在此地压倒其他一切的声音
雷霆朝我这个盲人滚滚而来。
这时我再次倒下，开始爬行。

我在祖国灵德的森林中爬行。

我成功地爬至一个石头洞穴
那里树没有倒下，那里热得不那么可怕。
我在那里几乎是幸福地躺在石头之间
祈求灵德之神来保护和自己救援。
有人从雷霆中走出来进入了洞穴
（啊，真是奇迹！）
将我抬到一个带有封闭空间的车厢
还有人推着我穿过黑夜
到了灵东号飞船发射场
那里有服务难民的官员
用喊哑的嗓音嘶鸣呼叫
我的号码以及我的名字
让我随人流进入飞船出入闸口。

随后的岁月成为我的命运。
火星苔原上，我已经学会
作为灵德使者去说服看守
用命运残酷打击的哭诉哀歌。
我学会了用我的手摸到
那脸上大声叫喊的盲文。
作为“拯救苔原”的女歌手
我又返回了我的祖国。

那里现在很冷。植被全遭破坏。
但顽强的意志坚持自己的计划
尝试用一种物质来拯救土地
这是科学发现的物质：荞参。
其结果如何我无法详细说明
很多人声称那是一个大失败。
“没人做得到，但人人都想要”
人们交谈时如此称呼这计划。
于是我告别了故乡告别祖国
那歌颂灵德王国的乐曲源泉
在三号舱找到一个歌女工作。
现在我在那里唱“啊，这个山谷”
还有“玫瑰园中的小鸟”。
不过也还唱“铸铁之歌”，
贡德人在这飞船上常唱的歌。

所有为了天堂的斗争都是为了快乐
所有心灵的目标都是天堂。
如果昏昧的权力导致愤怒和自私
将它们全部汇集到这种斗争中来
用仇恨、报复心和嗜血快感的旗帜
将这个纷乱的战场遮蔽得如同暗夜
那么这是一件多么糟糕的坏事。

译注：“荞参”（geosam）为马丁松自己发明的词汇，此处根据音译。

把感知真实当自然欲望来执行，
对人类而言，这何等困厄苦辛。
必须早早知道道路是多么艰难。
为了向一个神祇呼吁他的法力
站在祭坛边做弥撒是多么艰难
我们只知道神祇也经受着痛苦
经受所有让他不快的事情折磨。

将信仰和生活的日子统一是多么艰难。

要理解神的献祭教义是多么艰难，
在神的沉默中不去思索多么艰难：
献祭的鲜血不是已经流得足够
为什么这些屠夫们还没有消散？

在神的沉默中不去思索是多么艰难。

对于从未和那些死者交谈过的人
从未从那些坟墓中获得回答的人
要理解恩典的法律秩序多么艰难。
没有仙女带着魔杖溜进过那坟墓，
那里只有一个人摆脱死亡的羁绊
还见到了神，而其他人又瞎又哑
处于身躯逐渐腐烂的悲惨境地中
不得不留下直到所有时代的终点。

在这之后还相信生活是多么艰难。

在这之后还渴望生活是多么正确。
活着而历经重重磨难仍显出快乐，
还不乏返回到青春之美好的欲念，
而不只是像岸边的蜻蜓那样死亡。

活着还显出快乐是多么正确，
让生命先于死亡是多么正确。
在坟墓裂缝里转身多么艰难，
在这之后相信生活多么简单。

他们一代又一代躺下沉入泥里，
在春天的风中沉入盲目的土地。
他们聚集在一个唱诗班里伴唱，
歌唱所有盲人有关灵德的谣曲。

虽然他们的肢体破碎成了泥土，
他们每天歌颂那个盲目的天主
天主无所不知不需要眼睛去看
是他给生命种种模样披上礼服。

那些柔软部分会腐烂化掉，
那些坚硬部分会剩余留存，
但是时间自有时间的进程，

很快坚硬部分也化为灰尘。

他们的唱诗班很快会唱起歌谣，
歌声轻巧地落在所有大树枝梢，
于是每片树叶会告诉路过的风，
忘记夏天的死亡如何快乐呼啸。

这个美丽夏天真让人忘乎所以
生活匆匆走过而精神无法把握
正如已经过去的那些美丽夏天
每年又会匆匆忙忙地重新来过。

我们聚精会神倾听这个盲姑娘。
有些拘谨地站在那里的人就说：
如此美丽的词她拿来帮她说话，
如此美丽的词在灵德才能觅藏，
但那只是些词如吹过的风一样。

译注："伊斯帕罕"(Ispahan)为一伊朗古城的名字。

50

喜剧高手三董

喜剧高手三董曾经前往太空各地作乐取笑，
让拥有光年感觉的每个女人男人受用倾倒。

当太阳将光芒从那些放逐出来的人群移开，
喜剧高手三董面对瘫痪的老巫婆站立起来。

出自远方凝视着的太阳的喜悦若降到零度，
喜剧高手三董就把叫做布拉拉的尖叫发出。

当他驾着他的三腿板车上台我们嗷嗷吼叫，
我们的感谢是咆哮而他立即用布拉拉回报。

但是一切最后都被那渴望笑声的坟墓打败，
喜剧高手三董消失在无边宇宙的茫茫星海。

被沉重的人类命运磨损消耗殆尽心力交瘁，
喜剧高手也放弃布拉拉跟随死亡离职告退。

51

一位世界夫人，如一片美丽金叶，
长在耶迪斯贵族家谱的精美分枝。
面目端庄高雅，头发向两边分开，
朝向左侧是蓝色，朝向右侧黑色。
精致绝伦的宝石发梳更增添妩媚，
用了世所罕见的亚比火玛瑙打造，
插在高级理发师梳立的美丽发髻。
她向另一位耶迪斯家族贵妇描述，
自己如何坐花轿离开格伊宁高地，
一度看来是要去色图凯迪斯湖边，
那里月亮升起时就仿佛一盏灯笼，
带着属于秋天的丰满充盈的光辉。

有一天我清理米玛残片时，
发现了这两位贵族夫人，
独自将她们玩味惊叹不已。

米玛一度捕捉住她们的神情，
奇异美丽的耶迪斯族的眼睛，
还有她们曾使用的特别语言，
那是在色图凯伊迪斯的湖边。

想不到米玛现在已经去世，
想不到这高贵人物也会死。

我无法明白。一切都不可释解。
女神悲伤而死。我们受到判决。

52

米玛残片

瞧那边衣服绷紧的女人，
套着最新式的时髦服饰，
就好像是个时装女模特。
哦，在海边她总有价值，
那海从特伯弯曲到大西洋城
在爱神的超现实中
她能永远活生生地保存
不会被时间和盐水腐蚀。

别相信它。
那个女人四百万年前
就已经完全腐朽
无人能留下一点痕迹
即使诞生她的伟大文明圈也不能。

哦，好一个美人。
上帝，你怎么可以如此？
多么漂亮而时髦的衣服。
何芭，你看见了吗？

那根奇妙的皮带
还有腰间的接缝，
多么周到的考虑
顾及这女人可能的需要
能在这个时代，这个季节
过与这套服装相应的生活
而且依然能够
如此深刻地化入艺术与美，
所以最合适的背景就是大海
大西洋城边的大海。

上帝，你怎么可以如此？
什么地方有最大的痛苦？
你收获一切，是在你那里吗？
抑或在我们这儿，我们看到与知道
一切如何被收获？
你巨大的权力——我们无可奈何。
关闭吧。我们去跳约格舞。
你看见吗？
那套服装有些部分可以转移，
转到塔尼线、依波和瑟斯。耶迪斯，
还有来自杜丽丝堡的，
其他接缝处。

53

标　　枪

第十一年间我们看到一种景象，
各种情景中最瘦小细弱的景象：
在宇宙中移动着一杆标枪。
来自我们飞船同样的方向
不偏不离保持自己的航向。
速度却比我们飞船快得多，
其结果自然就是这杆标枪
迅速超越了我们飞向远方。

之后我们分开小组坐下
兴致勃勃互相长久讨论，
谈这标枪及路线与来历。
但无人知道也没法知道。
有人猜测但没人会相信。
总有原因让人无法相信，
也没必要当回事儿相信。
它就这样飞过茫茫宇宙。
虚空标枪徒劳穿越轨道。
这个情景依然让人着迷

有力量改变很多人思想——
三个人发疯一个人自尽，
另有一人开始成立教派，
那群喜欢喧闹的禁欲者，
早在阿尼阿拉号上吵闹。

标枪就这样把我们击中。

54

一把手的花园

为了搞好和发明家团队之间的密切关系，
领导人在“长春园”里请客吃饭摆宴设席。

那是一种冬季温室，由地球人料理照看，
人们开玩笑地称它为“太空飞行植物园”。

人类在这里做的最大好事就是保护生物，
这里是小型天堂没有任何东西损毁玷污。

离开光闪闪的机器离开太空清寂的夜晚，
人类可以在这里与鲜活的绿色植物为伴。

我们的领导人与发明家团队在一起座谈，
共同讨论这个问题：如何保护好“长春园”？

如何妥善管理运作才能保护更多的生命，
要维系发展 “长春园”遗产该如何经营？

他们先把目光投向遍布四周的美丽花园，

围绕花园的圆拱消失在覆盖青草的地面。

春日晴空明亮耀眼，溪流潺潺完美如画，
规划安排好的溪流，正巧环绕天堂篱笆。

那只鸽子，朝向最后才看见的天空飞升。
青青的牛膝草边上，坐着一个裸体女人。

一览无遗的乳房，还有格外美丽的姿态，
更因为黄昏悄悄到来让我觉得特别可爱。

是啊，这女人实在美艳夺目得让人动心，
因为这个缘故，我越来越向此美景靠近。

可尽管刚刚喝下的饮料在心脏周围流淌，
从无任何美色像这个女人一样让我哀伤。

揉着眼睛不敢相信我是醒着还是南柯一梦，
因为眼前正是那个魔山之女，巨龙的囚徒。

这首民谣陈旧古老没有人还能忍受再唱，
在飞船摇晃的宇宙之海上却是现实景象。

人们丢弃了民间故事而只看着裸体女人。
谁同时丢弃了那座魔山，告别了巨龙？

但是作为领导人邀请的来客我还要查问，
那巨龙如何操纵如何安排如何行动摆阵。

我问道我的美人你如此姣好如此裸露张扬，
你住的这个花园如果属于巨龙那将会怎样？

她答道我属于在火中呼叫桑布拉的那些人，
而你属于烧毁辛翁布拉所有生命的那些人。

对你们这个民族我无法不怀有深仇大恨，
深如我对“长春园”每棵树每株草的爱忱。

我惊讶走进的一把手房间此时突然变暗，
变黑的羞耻心增加了我实实在在的悲哀。

那个女奴正视我的目光让我不由得退避，
觉得此刻任何其他的事情都没有了意义。

对裸女默默鞠躬告别然后独自走向通道，
那里各种飞鸟朝太空放声歌唱快乐鸣叫。

那时一把手已经不在意我是否还在旁边，
我得以悄悄地溜出这些“太空飞行植物园”。

但是我长久想念这个姣好而赤裸的女人，
此后长久感觉自己还是巨龙已难以区分。

55

钢化玻璃的天窗透明而又清亮
笼罩覆盖在观察星辰的甲板上
电梯间里人已经走光空空荡荡
人们都在甲板上来回慢步徜徉。
瞧着光芒照及我们的新星火焰
那是出自贝丽尼斯王后的发卷。

宇航员用谦和的样子描述解释
在带有炽热新星的遥远太阳系
太空如何玩弄骰子赌博的游戏
厌倦了给光电圈永久不断送礼
突然彻底崩溃而变得歇斯底里。
在不可思议的暴怒中喷射光焰
一种耗干了的爱情最后的火炬
投入光电圈不知感谢的光波里。

厚颜的太空势利鬼轻蔑地倾听
并用一种典型晚期地球人语气
其中立刻让人注意到飞船腔调
他造了个乏味而有选择的句子
又降低成嘲弄讥讽的窃窃私语
正好和他疲惫的世界鬼脸匹敌。

宇航员像被泼冷水因此失去兴致，
用一声抱歉结束这个夜晚的展示，
不再介绍这太空星海的美景盛势。

译注：古埃及王后贝丽尼斯(Berenikes)以美发著名，有一星座因此名为后发座。“光电圈”(fotofagen)也是马丁松创造的新词汇。

56

在通向秘学三号厅的过道口，
有一天我迎面碰到了一把手。
他用冷嘲热讽的口吻询问我：
今年杜丽丝谷画眉杜鹃唱得如何？

烧坏的米玛机是否已经修复？
我看到在米玛心痛发作之后，
你在她乳房里狂热寻找好久。
或许后来你找到了那小纰漏。

我结巴着说出惊恐的飞船式问候，
向一把手报告米玛之死缘于伤心。
尽管视力良好她还是看不到救星，
前来拯救被关在罪恶城堡的百姓。

这时一把手忍俊不禁哈哈大笑，
好像看到米玛厅最滑稽的活宝。
我哑口无言在绝望中几乎跌倒，
不由怀念起杜丽丝谷家乡父老。

让笑泪呛着的一把手继续前进，
而我在原地僵直站立浑身发冷。

这个时刻想到就在这米玛厅里，
上千个春天朝着永恒冬天前行。

经历了这次死亡的阿尼阿拉号上，
罪孽是否终究有一天能得到救赎？
我找遍了所有的角落但一无所获，
各种建议试验仍在无休止地重复。

57

美人利比黛尔终于彻底垮掉，
她在自己舌头上放了些毒药。
我们在她的墓旁歌唱默哀，
火苗带走了死者青春不再。

我们战栗的良心已纠结成网，
在愤世嫉俗的太空冻成冰霜。
连爱情也生锈的这个太空啊，
不锈钢的墓门已关闭如牢房。

58

新的宗教从黑暗的折磨中滋生，
与旧祭神教派展开了激烈竞争。
把光明当作思想和火焰来崇拜，
他们祭典的女神就是一团火焰。

来自灵德的姑娘选来主持祭典，
歌队发出的轰鸣仿佛风暴喧天。
当这个失明的歌女走上那祭台，
挺立如火烛发出灿烂夺目光彩。

她吟唱赞颂光明之神的歌曲，
讲述她在灵德如何体验光明，
失明却用她的肌肤看见光明。

这景象让她燃烧。确实如此，
在肌肤上神也可以让人眩目。

她陷入迷狂状态。没人听清
她在诉说什么，而只有歌队
强大的声音将她烘托到更高境界。
带着神圣的失明，在千百烛火之中

硅土制作的防火斗篷包裹住全身
现在这姑娘被推挤到光电圈墙边
尖厉呼号着为灵德故国求告光明。

我经常来到这个教派聚集的厅堂
和这黑暗之海中很多其他人一样
也不能自已深深吸引于这种景象。

59

记忆大厅里正举行弥撒忏悔，
负疚最深的悔过者在此聚会。
他们往各自的头顶撒上烟灰，
更用哀歌虐待自己表示悔罪：

“站起来坦白。沉重的愤怒之墙，
已把我们自己造就的命运封闭。
我们的惩罚是笼中的镜面映象，
照出自己在外面嘲笑过的模样。

当没有更多借口可以任意伪造，
镜面映象也就足以成为阎王庙。
镜子正在燃烧，小心你的手套。
这镜子能将你的所作所为映照。”

我从悔罪的灰色苦行僧那里
天天听着这喧响的可怕哀歌
恶心难忍。谁能够轻易摆脱
他们在这里操纵的自我折磨？
对我更重要的还是如何找到

能唤醒米玛破碎精神的良药
并由此重建这个天体的肌理
它已毁灭于黑暗国度的波涛。

60

飞船上紧张过度的群众中间
有人更愿意聆听平静的语调
那是阿尼阿拉宇航员在讲述
前飞船时代和冰川期的报告。

他提到一种宇宙惩罚判决时钟
说起来好像毫无意义非常荒谬
因为外空韵律早就向我们显示
那是异于时间文化的另类节奏。

这种情况下要受罚的一代代人
还来得及在沙子里休息上千年
届时太空落下寒冷气候的皮鞭
但是冰川期重手一击已然迟延。

他用平静的图画来平静地说明
最后冰川时期整个的发展轨道
纪元二十三世纪以前的地球人
冰川气候中从国王宝座上滑倒。
那时千年王国其实刚刚开启
黎明依然被战争的暗影遮蔽
急于重新开挖新建筑的地基

人类种种计划已经破碎支离。

冷星云格尔莫斯与太阳相遇
太阳开始穿越格尔莫斯之夜
影子游戏压迫着我们的世界
带着冰川期狂风的呼啸歌曲。

极地冰帽扩展越过地球极圈
将几乎所有大国的领土表面

都覆盖上了数公里厚的冰川。

那里降落的不仅是北极冰雪
深深冻结层层包裹六边形态——
也有来自外星云的宇宙冰块
把所有冬季聚集成永恒此在。

一个冰罩铺展开来覆盖欧洲，
将它压在巨大的冰雪蛋糕下
由一万六千个冬天堆积而成
连一束阳光都无法通过穿透，
而欧洲所有国家的各族人民
只能将完美的技术往南移动
坚持一段时间但是最终湮灭
冷冻在野蛮人的麻木不仁中。

蛮荒时代竟长达一万两千年
只剩下一点科技的残余碎片

人们等待着太阳来修复家园
将文明王国和森林自然重建。

一代人追随着一代人又一代人
在简陋作坊里拉动车轮和缰绳
在那里接受悲惨命运的再教育
适应顺从冰川时代的各种境遇。

冷星云现在已从太阳系离去
但是人类还处在前飞船时期
看这星云如黑纱十五个世纪
像一面巨大炭黑绸缎的丧旗
每个夜晚都张挂在茫茫夜空
仿佛寡妇面罩遮住整个星系。

这一面黑旗终于越来越远去
用天空的尺度丈量不足为奇
随着它自己的图像渐渐远离
慢慢变小而不再像一面旌旗。
从离开格尔莫斯的世纪算起
经过大约一万一千年多一点
太阳又在清明的太空中继续
这重新点亮的天空画框之内
那个炭黑斑点几乎完全消逝。
这时冰川融化，一代代新人
感受着地球上新的春天气息。

61

重重困难未能阻拦我发明，
由两种光柱构成一块荧屏。
学会将荧屏几近悬挂太空，
在离飞船数十公里处固定。
朝这块光柱荧屏我再发射，
将第三道光柱用作图像波。
如此我能在太空安排图像，
建立一堵看似真实的高墙，
在虚空中张挂起一块画帐。
我让这些图画中布满森林，
还有城市山水和月下湖光。
有时我还让大队人马上场，
高举着胜利旗帜浩浩荡荡。
一切都为了竖立幻觉高墙，
要将不可忍受的太空遮挡。

我很快在太空竖立又一高墙，
而这次竖立在另外一个方向。
在这两堵富有形象的高墙间，
太空飞船沿着幻觉之路向前。
隔离开那些巨大可怕的深渊，

它们已不能够再对我们逼视，
深渊如此逼视曾经长达九年，
刺目光芒如长矛和细针之尖。

然而即使狂放想像的挂毯，
也需要一些人类意愿支援，
梦乡中提供的一点小贡献，
来自那些只会索求的嘴脸
但除了空洞从来别无馈赠，
可以不断填补和涂抹画面。

现在这种空洞转而对付我，
我被关进飞船最差的角落。
若不能解释空洞为何还在，
我的生命很快将受到胁迫。

我如实说明事情来龙去脉，
自身的空洞没人可以隐瞒。
就如躺在架子上的小泥娃
米玛之灵被时间波浪击碎
破碎的小泥娃无人能修复，
让我修复你们更难上加难。
你们的空洞已经令人胆寒。

我尽我所能表演一种魔术，

实际上几乎再不值得捣鼓。
而你们灵魂空空无可填补，
即使美丽画图也徒劳无助。

62

程序之轮得以尝试。而我，
给太空学员讲解秘学理论。
瞭望窗外太阳在看着我们，
光线看似平静但我们明白：
那辐射火焰中有雷声隆隆，
太阳滚动在永恒的洞穴中。
一边在脑海中听隆隆声响，
如战争中令人惊心的战鼓。
如光明永远对抗黑暗权势，
我一边听自己含糊的声音，
回答自己提出的秘学问题。

“首先因为新时代的重新评估，
还有张量学说各种新的拓展，
显然为可能性准备好了路线，
可以找到比例合适的对称性
根据秘学方程式通过 QWI 点
大大简化并且证明太空飞船
每一条更长旅行的正确路线。”

于是学员们纷纷站起来走开，

以模范队列走向下一个课堂，
下位老师托朗德平和而安详，
要向他们讲解飞船设计构想。

63

有个来自贡德的女人现在是寡妇，
从前常常与丈夫在观察室里出入。
他们多年坐在那儿还准备好包袱，
好像是等待着下船可以随时登陆。
尽管很多人带着讥讽看这对夫妇，
越来越像这太空一样冷漠而无助。
他们俩一直充满期待真令人叹服，
神态平静地面对天琴星座的国度。

他们虔诚的脑海里飘过麝香芬芳，
那是来自于彼此熟悉的一片草场。
还有她烤炉里刚烤好的面包馨香，
而他们被迫将这些留在贡德故乡。

他们依偎在一起阅读《天空指南》，
已经读过百遍千遍还是上万遍。
在这太空岁月里没有人能知悉，
岁月冰冷地消逝不留其他踪迹。
到了最后两人都变得白发苍苍，
而她孤单地留下独自坐在那里，
于沉思默想中回望逝去的日子：

丈夫一如以往还活在贡德国度，
直到听见尖利的汽笛发出惊呼，
宣告“最后一对夫妇”上船出发，
逃亡才从这木筏和石头上起步。

在飞船的升空区互相紧紧依偎，
他们向故乡杜丽丝谷郑重告别，
然后做了告别祷告才最后离开，
将移民问题交给命运之手主宰。

很多年来我观察这位孤独寡妇，
如何孤伶伶坐在那里默默鞠躬。
与此同时我们从太空这个高度
以灵巧的引导来管理命运调度，
对许诺的天堂越来越感到迷糊。

64

听听我们辛翁布拉人说什么吧！
用那记忆来折磨你们。
我们是事后才明白的死者，
用那场景来迫害你们。

是辛翁布拉人的骨灰雕像，
很多年中无声地像雪花飘扬。

每次你们醒来我们都会伸出
烧伤的胳膊
招引出你们的耻辱。

辛翁布拉的骨灰圆柱，
向前飘移穿过灵德国度。
第五天后到达海岸，
第七天后到达大西洋好望角。
对难民们来说没有任何希望，
即使在开阔海洋上也是一样。
那里连水母都在死亡，
章鱼也从深海浮到水面之上。

辛翁布拉的骨灰雕像，
如死亡的水草铺满海上。
魔鬼们跟随水上天使四处漂荡，
他们已经全都死亡。

在死亡的海湾暖流里，
各种宗教被拉入思想过程。

智慧的石头，
隐藏在天才的屠夫面具后面，
击入辛翁布拉城市心脏，
它第三次死亡。
哦，这件饰藏。

65

我们挂出一块梦幻的布幔。
而在我们和有关辛翁布拉的记忆之间
出现一片巨大的遗忘
它被自身的生命充满。

重新放大，重新改变，
我们的感官漂流
变质重构
成为多维的冒险。

一个不可忍受的痛点散开，
我们清楚地感到这个痛点
感到它如何破裂
又如何膨胀起来
朝向无名的极乐境界
那里不存在阿尼阿拉，
那里一把手已经死去，
怎么死没有人知道，
也没有人问其究竟。
痛苦缓解让所有人同样轻松，
连伊萨格尔也乐在其中。

利比黛尔和所有利比多女孩
带着苗条睡伴悄悄潜入，
都被毒品弄得颠倒神魂，
像是中了完美的树林中
那些清晨露珠的魔力。

66

每个受痛苦折磨的人都已经发现，
我在此被迫提及的天堂愈发深远。
但每次我们的鸦片消耗用尽之时，
天堂的种种景象就立即消逝不见。
辛翁布拉人发出尖厉的大叫大吼，
总是赌咒发誓要为辛翁布拉复仇。

67

我被一声尖叫唤醒。那是赤巴巴。
她用无精打采的瞳仁看着我
那瞳仁已失去光彩慢慢闭下。
她叫喊着：上帝，我再也不想生活在这里，
这里再也没有安慰和幸福。
多么可怕，我已经记不清楚辛翁布拉。

干燥从四面八方袭击
它的极点，
是实际地酝酿在干燥公式里，
成为光电装置，
将所有的风转换成
烤炉般的热气。

那是秋季的时光。
只听见难民述说：
人们在清冷的湖上，
最后尝试把自己淹没。

如今一切都已完毕。
没有人可以怪罪。

负责的人？死了。
教唆犯也早已逃匿。

曾用不惧火焰的手
维持这一切的
权力机器
变成了烟灰和焦油。

所有能燃烧的都成了灰烬。
而石头熔化成岩浆，
深厚足有四英寸。
在某些区域还更加深厚：
达一英尺或更厚
熔岩在花岗岩表面沸腾。
但是人们无须再看到这一切。
他们早已被卷走，旋转不停
像是升腾起来的骨灰。
在房屋里面发生什么事情？
实际上什么也没发生。
一切来得太迅猛就如同没有发生。
你可以想象一个床头柜上的闹钟
设定在按秒计算时间
被自身的熔化吓了一跳
沸腾起来又像气体一样被卷走
一切都发生在百万分之一秒中。

她还睡在床上不知不觉，
醒来之前一秒又被冻僵。
不，宽恕我们吧，我听见你们喊叫。
从忏悔的炼狱中发出对桑布拉的喊叫
就像辛翁布拉的人们叫喊桑布拉。

68

我们感到一种脱轨的拉力，
不由得开始希望结局来临，
这虚空旅行的终点在接近。

当感到飞船偏离了航线，
老人觉得导火索已点燃。
而所有对痛苦疲倦不堪，
渴望着重生涅槃的人员，
发出惊呼：出轨啦！出轨啦！
这个美人又一次偏离航线！

秘密的希望变得清晰，
当人们在舱室里聚集，
各种学派和各种宗教，
挥舞铭徽和各色旗帜，
十字架祷告书莲花符，
没人再嘲弄对方异己。
她已经严重偏离航线，
希望被恐惧动摇扭曲，
然而旗帜还是得高举。

69

我们遭遇到的像是雾气，
每天都变得越来越浓密。
直到第五天，飞船船首，
开始燃烧起白炽的火焰。
接着罕见之事陆续出现——
虹霓面纱竟然如云一般，
妙不可言地包住了飞船。
色彩曼妙简直前所未见，
就像盛大烟火无与伦比，
让阿尼阿拉号亮得耀眼。

可是节日气氛并不持久，
随后我们遇到不明阻力。
粒子燃烧形成强力飓风，
死亡的恐惧和骚动蜂起，
攫住人心谁也无可逃避。

都以为即将要沉没灭亡。
飞船的四千间船舱里面
成百成千成万男男女女
惊惶中挤满了各个走廊。

来自贡德的几百个难民
在集会厅里被挤倒踩踏，
数千人因别的原因受伤。

重力移位，
四处传布，发出混乱冲击波
穿过人们的灵魂
当千万次震动像撞击坚硬的山岩
敲打着每颗心脏
带来令人惊怵的恐怖
如此痛苦这趟旅行中无可类比
船舱和走廊充满惊惶的喊叫
于是拥挤踩踏
甚至致人死命：
形成一个人体辗磨机
由人的恐惧本身驱动
在令人疯狂的旋转中让自己化为齑粉。
像大力神操纵的钻头
飞船旋入一团宇宙沙云
对着船身休克状态的金属
火焰燃烧，光亮眩目，烧毁一切。
又仿佛放置火中的陀螺，光辉灿烂
仿佛逼得很近的太阳推动飞船自转，
在来自物质的雷鸣般噪音中
飞船越来越深地转入其中。

后来
像开始一样突然
一切过去而飞船坠落
沿着那条等角线
她在坠落中依然保持航线。

那到底会是什么？有人发问。
尽管我们都将死亡而它最先报到。

对要进入的恐怖世界
它有一种更大的重量
沿习惯的轨道飞向天琴座图像。
就在死者和那些被践踏的人中，
领导层解释，他们有什么看法
他们认为最有可能的会是什么：
由宇宙细沙构成的一种云
或是某类物质冰块的粉末，
永世流动：这种形式的恒久冰雪
亿万年前就四处流动
寻找它的山脉
以便停息
停息在平静之中。

人们对这种解答感到满意
弯下腰抬起那些死者
那些亡灵现在已居留在平安之家

像雪一样变冷
在精神山脉上
到达安息之地。

然而这种生活已大有改变
我们进入了已成为自己的世界。
曾经在四年光阴中
延长我们幻想的镜子大厅
已被震得粉碎
堆积起数十万计的碎片
覆盖了用于跳舞的地板。
锋利的碎片间躺着很多美女
伤痕累累地定格在约格舞中
好像这沙云曾与我们的飞船共舞。
有大腿高高堆积首饰的何芭；
还有依然美丽的雅尔及戴茜
躺在伤势惨重的赤巴巴身旁死去。

从我们离开杜丽丝山谷的时候算起，
这一切发生于本次航行的第十二年。

70

一个平常周日我们再次出航
和从前一样处在加其纳空间，
我们星系有个层面如此称呼，
和人类的星球构词法有关联。
但这并不意味着加其纳空间
在人类生命可及的范围里面，
就可以到达尽头或能够跨越，
不，我们所在的加其纳空间
是个四星系单元的较小层面。
一星系单元宽度有十五光年，
航天学里人们习惯用它计算。
比如整个银河系具有的空间，
其宽度是八十万个星系单元。
不，让我们避免苦恼地计算，
吞噬阿尼阿拉号的巨大深渊。

译注："加其纳"(Ghazilnut)和"星系单元"(galaktav)都是马丁松想象出的词汇。

71

太 空 船 员

每次仔细搜查我的记忆
相信都能追踪到诺比亚
直至特拉罗提特里山中
杜瑞玛高原小小疗养地。
那是个无人看见的小城，
医院在群山下藏得很深。
有一座老旧废弃的矿山，
一度用于这个城市兴建。
——先经过十分必要的支撑，
以及山体内部构造的改进——
城市被安置在山的深处，
离开地面达一千五百呎。

现在我思想随意地旅行
越来越频繁去往那地方。
撒玛利亚义工用募来的钱
在它的深处买入了场地
听起来花费不菲价格不低：
——我知道总数是三百万杜元——

——贡德钱币计算五十万贡币——
——灵德有声硬币则是五百万——
他们为这个城市乞讨十一年
然后向下挖掘直到安全深度
那杜瑞玛山脉深处的救助站。

当人们长期居住在魔鬼中间
如此慈善成为一种世外桃源
那里水果就当作水果不当钱
简单朴素的快乐清脆地鸣响
就像心灵山谷里欢唱的杜鹃。

译注："撒玛利亚义工"(The Samaritans)是成立于英国伦敦的慈善组织，专为悲观有自杀念头的人提供咨询服务。此外请参见第40首有关"撒玛利亚人"的注释。

72

卡列尔之歌

在这寒冷艰苦的太空，岁月如梭时间荏苒。
人们越坐越久，生活已越来越无关乎时间。
对着宽大的舷窗默默凝望，等待某个星球。
从其他星球生发，朝这里靠近，不断靠近。

孩子们成长起来在封闭如牢的苔原上玩耍，
在舞厅磨损得越发凹凸不平的地板上嬉戏。
新时代有新习俗，约格舞早过时被人遗弃，
如此沉迷的戴茜，已在她的蜗居永远安息。
那个拱顶下，只有女舞蹈大师们可以安憩。

而我独自默然静坐，思念着美好的卡列尔，
我曾在那里生活，在那里消磨过时光人生。
居住不止三十个冬天，还有二十九个夏天，
直到我再次尝试异乡的生活，异样的命运，
走上我步履蹒跚永难回头的自我流放旅程。

记忆如闪光再现。太空中间没有记忆障碍，
所有时代都同样放射光芒，我的记忆碎片，

来自不同国度，来自我的漫长的流浪生涯。
美好记忆之中，最美好的是卡列尔的一瞥，
就如树林中湖水之光，夏日清波一片涟漪
六月季节明亮，夜晚来不及拉开沉沉幕布，
杜鹃木笛般的鸣叫就开始召唤快乐的艾诺
请她披上雾的面纱，从六月的湖水中升起，
走向袅袅的烟云，走向那快乐鸣唱的杜鹃，
走在卡列尔沙沙作响永远让人神往的风中。

哦，如何能遵从忠告
好忠告来自以往时代
它们的法则现在死了
时间烧尽他们的领地

独自坐在米玛舱室里
记忆曾经度过的生活
在另一种生活中学会
粗茶淡饭日子的智慧

坐在这里。母亲又在哪里？
坐在这里。情人又在哪里？
在比这个世界更好的天地。

是否因为我用过刀子
所以我不能赢得爱情？

刀子深深插入继父胸膛
那是他走出桑拿屋之际，
手里还捏着村姑的乳房。
怎么回事？我当然记得。
我看见牧场，听见森林
深入民谣歌唱的卡列尔。

与其他人一起坐在这里
听他们大谈自己的世界
在他们住过的帝王星上
过得多么惬意有滋有味。

但是九千年前某个夜晚，
我就默默坐在这草地上
和我的姑娘，在那之前
在大法官将我断然逐出
草地重重的卡列尔之前。

好在我们有时候会忘记
好在只有那短暂的顷刻
记忆才为我们提供服务。

好在并非总是被提醒
我们迟缓的灵魂漂流。

最好只观看而一言不发
也许神的看守就在这里
偷听着谈话。无人知悉。

如果我沉默，如果我受难
如果我在沉默中悔过认罪，
那么我可能在一个晚上
看到我记忆的一种了结，
能够结束我灵魂的漂泊，
被擦洗干净，打上合格标记
可以去美丽的帝王星，
我会像鸟一样地降落
在草地葱茏的卡列尔。

译注："卡列尔"（瑞典文 Karelen，英文为"卡列利亚"Karelia）是北欧北部卡列尔族居住区域，历史上曾被瑞典、俄罗斯和芬兰统治，现在大部分属于俄罗斯西北部的卡累利阿自治共和国，小部分为芬兰南北卡列尔省。"艾诺"（Aino）为芬兰民族史诗《卡列瓦拉》（Kelevala）中的人物，曾因拒绝母亲安排之婚姻投水而死，后复活为仙女。

73

利 比 黛 拉

（秘密的哀歌）

我的爱犬在你夜晚的树林里嗅闻吗，
利比黛拉？
我的爱猫在呼呼叫着狡猾地瞌睡吗，
利比黛拉？

我的耳朵里轻声说它自己的耳语吗，
利比黛拉？
我的房子在另一人的房子里倾听吗，
利比黛拉？

利比-黛-拉
把你的伊斯特姆花瓶递给我。
现在让丝黛拉
去点亮她的阿尔法座烛火。
在阿尔法半人马座谜语里
我们可以在一起流泪哭泣。
哦，好个裸体
求爱何必穿衣

在两个人的月亮诗琴森林里。

利比黛拉
跟我去天狼星座吧。
让你的伊斯特姆花瓶
重新膨胀起来吧。
那个滑稽的寡妇鬼鬼祟祟
永远在别人的思想里搞鬼。
哦，好个裸体
求爱何必穿衣
在两个人的月亮诗琴森林里。

利比黛拉
脱光衣服露出胴体。
朝丝黛拉站起
你的裸体白如月亮。
在阿尔法半人马座光芒中
我们泪流满面地碰杯举盅。
哦，好个裸体
求爱何必穿衣
在两个人的月亮诗琴森林里。

74

愈发清明的太空中恐惧在凝视，
不带任何思想却洞察看穿一切。
太空玻璃样清明死亡不用收费，
空虚也不用花钱可以免费赠馈，
让无意义的洞察看穿变得容易。

恐惧就如星星闪耀，完全免费。
我的朋友你知道太多无须领会。

太空海洋有着无边无际的清明，
当你入睡它轻轻粉碎你的梦影，
恐惧的光芒如太阳般火焰狰狞。

75

一笔上千万贡德币的赏金，
——这是足以令人垂涎的数目——
许诺给能让我们飞船返航者，
把船头再次对准杜丽丝山谷。

多年过去赏金宗旨也有改动，
关系到的是米玛厅安慰女神。

谁能够看穿识破米玛的机密？
谁能把万能魔杖还给这女妖？
人人在太空之海中这样喊叫。

76

膝上放着计算机静静聆听
太空史学家正在演说讲评
内容是探索星海的先驱们
失败者已成为一座座坟茔。

“远古时代的人更铤而走险，
（例如伊卡洛斯可以证明）。
是的实际上有人完全相信
合适的立柱基础可以发射
火箭圆形装置因而能腾空
摆脱曲线之力和抛物线场。
这个幼稚的想法彻底失败
——让民族牺牲了很多生命
（例如塔纳托斯可以证明）——
这就进入了所谓‘天梯时代’。
通过系列递进的增力装置
运用脉冲把飞船送出场地
——它本身是相当不错的技术——
但枉费心机并非没有风险。
我们在此可看到事故曲线，
本身就说明了有什么结果。

那个时代太空还是处女地。

相比我们自身时代的曲线，
对照那些新近的测量数据，
旧时代的曲线看上去欠好。
是的我们有权说那是胡闹。”

译注：伊卡洛斯为希腊神话中用羽毛和蜡制成翅膀飞行者，因不听告诫飞得太靠近太阳导致蜡融化而摔死。塔纳托斯是希腊神话中死亡之神。

77

飞船望远镜里我们看到熄灭的太阳，
漆黑不可名状的景象让人不由退缩。
那是太空教堂墓地穿着黑服的太阳，
既是黑色尸体又是太阳坟墓的基座。
先用火焰风暴在时间的好望角点着，
然后于黑暗深渊里投射出熊熊火舌，
直到在时间的长度中依照熵的法则，
这太阳被光电板吞噬吸收黯然失色。
只留下灰烬残渣，还有标记的刻度，
让人可以从黑暗旷渊中找到其坟墓。

不再发射任何光芒却还是凸显出来，
就好像某些星球上一次日食的影子。
不到一个月之前还能够被大家看见，
这现在变黑的太阳就在同一个地方，
还显现过边缘形状如一枚漆黑硬币。
煤炭般森然的威严中如今勾画凸显，
映射在星云气体光芒中的圆形轮廓。
这是黑暗而如圆球一样的巨大山脉，
深深陷入它自身惨淡沉重的洞穴中。

而灯光精灵在夜色拥抱中早已死去，
煤炭般如漆残渣将它封闭从内冻结，
在光的坟墓中无名无姓被彻底遗忘。

78

我们的首席工程师
一个来自上贡德的男士
一个出色的耶射管专家
告别了人世
时为星期三，十一月十五日。

考虑到他的长期服务
对飞船理论贡献巨大
生前的愿望得到满足
被安葬于救生舱模组
然后朝向猎户座
将模组射出。

为数众多者替他送葬
接踵来到遗体告别舱
救生舱放在灵柩台上
人们唱起告别的挽歌
“胸怀宽阔，海港遥远”。
然后他们都退出
告别舱随之关上。
人们只能够听到

这装置隆隆作响

死亡之囊开闸而出

射向光年的墓场。

译注："耶射管"(yessertuber)为马丁松想象的太空设备,原词也是他的创造。

79

我们来自地球来自杜丽丝山谷，
那是太阳系中光辉灿烂的明珠，
也是太阳系里唯一的一个球体，
生命在此找到牛奶蜂蜜的国度。
还可以描画最美丽的山水景物，
那些破晓喷薄而出的个个日出。
人类的形象同它一样光彩夺目，
然而竟被用来为同类缝制裹尸的衣裳。
直到连上帝也与魔鬼一起手挽手逃避，
在这个被败坏被毒化被摧毁的地球上。
逃上高山逃往原野到处躲藏，
逃避的是人类：灰烬的国王。

80

在炽热的太阳中心
有个瞳孔有个核心
高深莫测旋转不停
人们称它爱情之星。
每当它凝视着地球
草地茂盛鲜花长久
日复一日播撒种籽
幸福夏日快乐不已。

鲜花摇曳拔地而起
飘展如旗生动似戏。
蝴蝶围绕带刺蓟草
展开翅膀翩跹舞蹈
黄蜂哼唱甜美如蜜
草影交叉跌宕迷离。
夏日凉风徐徐送爽
罂粟花团未免感伤。

快乐幸福转瞬即衰
晴朗时光就如中彩。
远离蠢话以及残忍

让爱中的夏日星辰
让仲夏的靓丽花朵
在夏日草场上闪烁。
当我们快乐而善良，
有什么更值得分享？

81

第十九个年头令人不安，
精神境界开始变得黯淡。
我坐在那里，握笔默想，
感到天琴座的光芒增强。
秘学计算机已显示迹象，
情况这样或那样的异常。

如此我们待到第二十年，
检查测量天琴座的火焰。
伊萨格尔读出一串数据，
出自贝塔以及伽玛射线。

灵魂中冷嘲热讽的微风，
变换成内心惊恐的波动。
伴随着伊萨格尔的呼吸，
是她伤心落泪泪如泉涌。

所有浪漫而多情的哀伤，
泪流成河曾经引来嘲笑。
如今在黑暗中远离快乐，
已成为一种清醒的需要。

我紧紧拥抱这位好姐妹，
品尝她令人感动的泪水。
那是一种活生生的温暖，
可以在飞船上与我为伴。
外壳上熔伤累累的飞船，
正冲向闪耀的天琴星团，
熔伤是那些流星的记忆，
无边星空中与我们遭遇。

伊萨格尔求我不要唱歌，
然而我还是得勉力为之。
当石棉和矽硅愿意倾听，
就要放声尽管舌头僵硬。

为这位哭哭啼啼的新娘，
我唱一首坚持学说之歌。
吟唱荣誉尊严如何损伤，
而神明再不能修复愈合。

于是伊萨格尔停止哭泣，
——如果哭泣现在糟糕至极——
这是在飞行的第二十秋，
这旅程我们从内心诅咒。

82

有桩事情妙不可言
这天在太空中出现
还要为此举行庆典。
我们领导提出条件
人人要穿最好衣衫
庆贺万物法规大全。

我们爬上百级台阶，
整整四千多个房间，
加二百三十个大厅，
一下腾空不见人烟。

在巨型的中心大厅，
可以容纳听众一万，
（它也叫做光年大厅）
你我都在这里会面。

当置身于人海中间
在吊灯的照耀下面
彼此会面互相端详
我们头一次注意到

这些年头每况愈下
日子过得多么糟糕。

所有来自地球的人
今天好像全在这里
会合聚集济济一堂。
而天使歌队的合唱
和飞船船员的演讲
接二连三绵绵无疆。

飞船船长起身发言，
宣讲这个伟大日子
伟大时刻伟大意义。
茫茫太空多么恢弘
宇宙奥秘多么强大
芸芸众生多么琐细。

在光年大厅的深处
歌队吟唱潺潺如河。
面对无穷无尽深渊，
人群惊恐战栗发抖。

成百上千听众嚎啕
另有数百大呼小叫：
这就是命运的律条：

阿尼阿拉号飞船
自投入航行以来
今天足满二十年。

很多人站着哑口无言
突然有人站出来强辩
说一光年是一个坟墓。
这二十年的飞船之旅
在光年坟墓的大海上
等于十六小时的光路。
这时我们都停止发笑。
这时差不多人人落泪。
一光年就是一个坟墓。

飞船船长举起手杖
向所有人致以敬礼。
我们又爬百级台阶
再回到原来的位置。
所有人都默默踱步。
一光年是一个坟墓。

83

风蚀之歌

尼尼微古城石头内成群的外原子团，
为离开这大人物的居处而分崩离析。
断壁残垣中每块石头都在破坏碎裂，
风蚀的石狮与祭师雕像已列队而去。

哦，伤痕累累的石头，请你们不要消失。
瞧，时间已经在石狮的鬃毛上舔了又舔，
就像男人曾在叙利亚女人身上舔了又舔，
就像雨水的唾沫侵蚀着汉代古塔和宫殿。

各个季节都已经表演过风蚀无尽的恶习，
坟地上的玫瑰也尝过了腐败的狂欢盛宴。
洞穴这狼疮已将石狼鼻子变得满目疮痍，
堕落的草叶也拿它们贪婪的舌头做试验。

当石头风蚀，人类也如此按照这法则腐化，
每个伪君子都能感到颓废腐朽的秘密气味。
洞察万物，万物就会暴露在光天化日之下，
这正如来自恐惧海湾的岩浆中烧干的洞穴。

倾听破碎的长号，这里还有腐朽的琴瑟演出，
讲述狮身人像被荒漠中的麻风病弄得憔悴。
安慰那些已经看到自己习俗也风蚀的民族，
就好像这时代的牙齿色迷迷地啃咬着石堆。

84

船长向我们展示一张图片，
一个星座正移得越来越远。
于是许多人下跪双膝着地，
并开始祷告：快来吧上帝！
这些人都属于星座派宗教。
看他们祷告我不由地想到，
诺比娅嬷嬷曾经如此描述：
多拉伊玛巨大的高原台地，
那里安德罗米达邻近星座，
晴朗的夜晚会被巧妙放大，
——能从八座城市房顶上看到——
仿佛在数百哩宽镜子上闪耀，
就像多拉伊玛人的金鱼一条。

85

星座转而复转，

就如一轮亮烟。

而烟即是星星，

那是太阳之烟。

其他词不够用我们就说太阳之烟，

你明白了吗?

我的意思是说，语言不够，

不能表达视力容纳的气象万千。

所有已知语言中，最丰富的

西农布里斯语有三百万词汇，

但你现在看到的这个星座，

拥有九百亿个太阳系。

有什么人的脑子可以掌握，

所有西农布里斯语词汇吗?

没有一个。

这下你明白了。

也不明白。

86

来自贡德的歌

现在来了个玫瑰之神，
玫瑰的节日已经到来。
而百合女神也在这里，
人类做梦时多么愉快。

瞧，奇妙的仙女们走来，
不同颜色在棺材中调匀。
现在紫罗兰神渴望色彩，
紫罗兰的节日就要来临。

我们在众神之林中沉沦，
成为粪土、花蕊和光辉。
我们腐烂成泥的地基上，
众神很快绘出五彩花卉。

我们失踪死亡越来越多，
众神的悲伤就越来越少。
我们的生命如冰雪消融，
而众神的夏日欣欣向荣。

87

时光流逝，变化随处可见，
就如坐垫和椅子上的损坏。
人人无精打采灵魂也慵懒，
个个无力无奈迟钝而冷淡。
太空的舒适已经今不如昔，
正按着万物疲劳法则消散。

舒适到了倦怠就显得无聊，
这个门槛早已达到且超越。
穿透时间的灼伤和痛苦中，
灵魂却再次从中找到安慰。
流行词时髦舞蹈紧密相随，
只求轻蔑淡忘于时间流水。
单调流水冲刷着陈腐气味，
为了排空涌向死亡的污秽。

懒散头脑成为自身的负担，
从来不读书籍的清晰精神，
把背转向饱食终日的懒散，
再不会让任何思想来扰乱。

太空中出现最奇怪的征兆，
因为不能纳入每天的程序，
这样的征兆马上就被忘掉。

假使我们相当接近一个未知太阳，
如杜丽丝谷灿烂闪耀的那个太阳，
算是邻居但差不多一半已经熄灭。
而伊萨格尔进来征求我的意见说：
亲爱的我们怎么办该不该那么做？

我回答说，时机肯定已经成熟，
但是太空却是一个开放的疑团。
因此眼下我们更加聪明的做法，
还是让这只飞蛾避开那团火焰，
虽然它愿意为我们做个焚化炉。

于是伊萨格尔不采取任何行动，
但她的眼睛闪烁着愤怒的磷光，
在这种时刻愤怒也有神圣力量。
背着我们这些懒散倦怠的人群，
她赦免了飞船阿尼阿拉的死亡。

88

纯洁的精灵伊萨格尔突然崩溃，
眼睛里居然出现一个病态魔鬼。
瞳仁向着灵魂的来源不断扩展，
她听见来自远方的呼叫与回馈。

她说她听见有个声音向她呼叫，
可用的名字自己却从来不知晓。
自从这件奇怪的事情发生之后，
那声音经常在米玛厅重复呼号。

喊叫的声音就来自米玛的坟地，
因此有个晚上在大家熟睡之际，
她循着声音来到墓茔瓷砖前面，
那里坐着一个来自天堂的信使。

假装相信我却心明如镜地理解，
我的朋友伊萨格尔太空的情况。
当我们与狮子座流星意外相撞，
她的灵魂如何被一个碎片损伤。

因此我们不仅穿越宇宙的荒漠，

还在精神的空虚之中跋涉奔波，
也走过了很多秘密的命运之路，
勇气经常被沉重而艰巨地消磨。
她坐着思绪万千有话脱口而出，
说她常常觉得自己就代表死神，
在阿尼阿拉号的夜晚出来服务，
精打细算计虑生命吝啬的成本。

起先我把这当作玩笑或耍脾气，
如沙漠迷路又找不到任何生机。
但当我明白，她试图滑至何方，
我要让别的思想战胜她的意志。

我们的精神支柱，纯洁思想的女王，
为那完美的王国已经做好了准备。
她的心比太空荒漠还要知悉更多，
发明仪表来阐明一切是如何发生。

她悄悄溜走我们凡胎肉眼看不见，
溜进储存全部阿里夫大数的地点。
如果命运新主人乐意且慷慨大方，
那里资源就能取之不尽用之不竭。

89

当你所爱之人到达死亡之门，
冷酷太空也比过去更加残忍。

我们变得越来越轻面临粉碎，
灵魂不再为获得解放而忏悔，
总在罪恶太空牢牢控制以内。

我从图片库中取出那些图页，
是我自米玛岁月收藏的一切。
米玛厅成了一个拥挤的洞穴，
米玛视觉碎片以余晖的颜色，
描绘出一大队闹哄哄的行列，
这是阿尼阿拉城的日落时节。

90

一度我受到一把手的贬斥，
爪牙们找到我把我关禁闭，
不定期押送至最底层舱室，
只有暴徒才被驱逐到那里。

但我还是想：肯定有一天，
尽管一把手心里并不情愿，
仍得释放懂秘学法则的人，
那时我能再度出现于人前。

就像对我思想的一种呼应，
剧烈震动传遍了整个飞船。
伊萨格尔给我送来的问候，
发自她所在被笼罩的王国。

当天晚上值守卫关闭舱门，
伊萨格尔已来到我的梦境，
那梦境充满超自然的光明，
不可言说的电流穿透心灵。

我受过训练阅读各种字体，

通过阅读从中提取出信息，
找到可用于新思想的动力，
以接近米玛机的公式要义。

此刻满怀惊恐认出她是谁，
何以忠心耿耿仍留我身边。
那是伊萨格尔，一点没变，
为必要时提供问题的答案。

伊萨格尔显然是我的伴侣，
我思想中高贵美丽的新娘。
在此超越生活之神的太空，
她是米玛的内在自我，
米玛之魂。

阿尼阿拉秘学拱顶密布天线，
不断受到伊萨格尔忧虑扰乱。
一把手也身不由己同样不安，
只能下令让我自由行走听看。

按常规语言(杜丽丝山谷的遗产)，
这种干扰意味着说过的危险，
飞船重力很可能失去平衡点。
为找出故障，他们给我松绑，
把我再次送回米玛机的机房。

91

我们已堕入深渊这听来像个传说，
众目睽睽下惊慌失措地完成写作。
然而共同的意见随后就一致通过，
从大众心理学角度看已无话可说。
重力装置内有个难以判断的故障，
给人下沉坠落感和一种虚幻景象。
无论如何努力我们依然还在下降，
某个空间中永远方向朝下地飞翔。
已不再分得清什么是侧面和上面，
完全朝下旋转从而变成一个深渊。

我的秘学理论在这里派上了用场，
并不经常看到人们这样兴致高昂。
那时我利用秘学光子第五套器械，
花费数小时才从人们的心目之中，
卸下恐惧的包袱排除坠落的感觉。
那成为天体众星中的一个纪念日。
伊萨格尔在哪里？荣誉应该归你。
这无疑是秘学理论最伟大的胜利。

92

在我们内心燃烧的全部火焰，
光明与灵魂都取自米玛光波。

我们再也没有可能重新找到
聚集米玛周围时看到的景象。

非常难以继续保存的是信仰，
被时间牙齿啃咬得不成模样，
也因我们的空虚而愈加珍藏。

人们站在米玛厅里念诵咒语，
抱怨声中持续不断坚持练习，
嘴唇肿胀从神那里吸吮血液。

即使人类的牺牲者得到表彰，
其神圣性也被陋习大大损伤。
已经违反的誓词如滔滔大江，
食言次数多得根本无法计量。

就算在我们这些人的圈子里，
类似的牺牲也很快趋于过时。

发誓必死而血中却无利可求，
只能任其在怀疑中浪费白流。

习惯了光电装置刻度的人们，
习惯了贡德的辛翁布拉祭日。
联想到那里视死如归的辉煌，
发现这里的牺牲却如此悲凉。

甚至那些来自米玛岁月的回忆
也起了作用。令他们感到羞耻。
根据法定的姿势躺在那里祈祷，
其实只是遵照内心的装腔作势。

对这个教派冻僵到灵魂的牧师，
牺牲者的血流仍让人感到心悸。
在热爱真实的米玛的残骸面前，
他们感觉自己对一切都无所知。

所以随时间过去他们开始表态，
拒绝为一把手举行的仪式贡献。
对于那个手握大权而铁石心肠，
如同驯兽师的人物是一次重创。

93

然而每个拒绝献身者都下场悲惨，
因为一把手残忍出击，毫不犹豫。
反叛者于四个死亡磁铁间受摧残，
个个都在不可名状的痛苦中死去。

从那天起再也没人来过这个大厅，
这个米玛入梦之地教派死亡之所。
对照鲜明令人痛苦希望渺茫无影，
一把手也惶惶不可终日手足无措。

他在屏幕上用光字写出宽恕规章，
以此来缓和我们最后日子的紧张。
他让打手们换上了撒玛利亚服装，
试图减轻那末日审判的后遗症状。

一把手的姿态出乎意料令人诧异，
看上去慈祥和蔼完全换了副面目，
甚至好像是中了邪着了什么魔力，
替病人涂膏抹药给冻者温暖爱抚。

译注：有关“撒玛利亚”可参看第 40 首和第 71 首。

94

死亡证明书

一个心眼恶毒充满仇恨的自食狂，
一个自我烦恼中满嘴唾沫的饕餮，
有段时间就坐在米玛大厅这里。
他曾让伊格尔的一个民族绝种，
现在成了我们杜丽丝谷人的首领。

自从他把自己大餐一顿，
而且尚有残余，
好像自己吃不完。
继而消失不见，
他坐过的地板滑腻，
他名叫来自卡卡卡尔的一把手。

译注："伊格尔"(Ygol)和"卡卡卡尔"(Xaxacal)都是马丁松想象的地名。

95

表象与实际之间的这个裂缝
不再是由我定调子说了就算。
也没有任何人再来求告幻觉。
人们已经看透地面和天花板。

就像在一个巨大水晶棺内部
几乎人人看到自己载往何处
一切都正对前方大厅的窗户
没有更多言词可以给人安抚。
只见众多星辰于百万英里外
凝视这个水晶棺在太空驶过
里面是杜丽丝堡的自豪民族。
又像是一个玻璃制作的丧钟
惊恐中敲动所有灵魂的钟舌
朝向透明钟壁敲响着回旋曲。

我们全都聚集在米玛大厅里面
我被挤压在所有其他人的中间
恐惧已勾销了往日的杜丽丝谷
我和他们完全陷入眼下的痛苦。

96

现在领导层再也无法掩饰
已经逼近彻底毁灭的日子。
但还是力图掩盖所有事实
利用张量第五学说的公式。

我被赶出计算机房的大门
赶出提交预测报告的房间
但那个学会读出钟摆的人
还是能预料何时末日降临

我进入米玛坟墓仓惶倒地祈祷
向哪个上帝祷告却没人能知道。
我在冰冷的大厅内困惑地求告
希望死亡世界中能有奇迹创造。

尽管没一点外部迹象值得注意
此时我听到了世界沉默的宣示
一种深深的神秘在静静地加强
力量来自快烧尽的米玛墓烛光。

97

到了第二十四年年初，
思想崩溃，想象力干枯。
梦想全都被无尽的星系太空，
那始终不可理解的事情粉碎。
微不足道的心灵也只好承认，
已落入太空加其纳的最底层。

黑暗早充满了很多人的灵魂，
随着现实粉碎他们挤进大厅，
四处游荡互相询问回家路程，
还询问一切熟知的远方事物。
他们围着灯光群集好像飞蛾，
如杜丽丝遥远山谷秋天情形。

译注：“加其纳”(Ghazilnut)是马丁松想象出的太空词汇，参见第 70 首。

98

在米玛厅里我以念咒者名义，
点出所有寒冷破坏者的名字。
我祈求着炽天使来给我支持，
我祈求他们的形象得以显示。

我祈求这个大厅里的伊萨格尔，
穿过骨灰瓮壳不受伤害地出来。
从死亡灰烬中出来吧，伊萨格尔。
站出来，伊萨格尔，给我支持！

注解：炽天使为《圣经》中守卫上帝宝座的六翼天使，也是基督教九级天使中最高级天使，象征“爱”、“光明”、“热情”和“纯洁”。

99

我走在各个大厅里为时已晚，
当进入米玛厅时已冻得打颤。
更冷而且远离一切润滑柔软，
是灵魂中杜丽丝谷记忆在喊。

更苦的是时间之牙自我埋葬，
在梦幻试图保留的每个角落。
尘土撒落像岁月自身的流沙，
落满太空飞船的桌子与地板。

飞船驶入至第二十四个年头
加快速度，向着天琴座图像，
杜丽丝星球现在已然混杂在
一个星团的千万个星球中间
表面看来他们正在集结成群
事实中却还是如此稀疏分散
在永恒的寒夜中，各分东西
所有太阳都成了虚空的殉难。

阿尼阿拉飞船更加沉默死寂，
曾经让人自豪如今只是棺材。

任其飘落太空失去自身动力
一直沿着没有变形的恒向线
飘落中也保持着方向不变。

宇航员驾驶舱早空无一人
过去智慧之室的值勤人员
在戴茜长眠处已躺下多年。
戴茜作为约格人民的女王
放置在她王室圈子的中间。

大厅静寂无声但自某个地方
传来管道颈部可听到的音响。
朝出声的方向走过去几千步
就来到还有很多人的米玛舱，
那儿众多太空移民都已冻僵。

他们整理收集自己的种种问题，
以无限为对手玩着死亡的棋局。
静默之中只有一个人变得疯狂，
通过词语阶梯爬上修辞的高堂。
滔滔不绝大谈人类种族的旅行，
谈彭特谈泰鲁斯谈文兰达伽玛。

但是修辞在他嘴里已变得硬僵，
最后的演说家结束了他的演讲。

环顾米玛大厅自己也冻得发抖，
那里生命的旅行还来得及延长，
比塔霍河谷中梦想的更加久长。
对他为越来越多死者做的演说，
只能听到死亡以回声在做应诺。
冻僵的逝者用水晶般透明目光，
从飞船阿尼阿拉号遥望天琴座。

译注：彭特(Punt)、泰鲁斯(Tyrus)、文兰(Vinland)和达伽玛(Da Gama)都是一些历史地名。塔霍河(西班牙语 Tajo)为伊比利亚半岛最长的河流。

100

已经没有任何光焰再可点燃，
米玛墓地旁只剩下残灯一盏。
最后的生者到此聚集又回返，
无助的困境中背靠死海之岸。

人类时代还剩最后几个小时，
眼神中充满的疑问化作火苗。
人们在地球上也曾如此困坐
在临终之灯旁，凝视着灯火。
倾听着士兵们如何站列成排，
在牢墙的坚硬冰凉石头之外，
很快就会映射出枪击的光闪。

太空的残酷远不及人类残酷，
不，人类的冷酷更无可匹敌。
大地上随处可见死牢的荒凉，
石头筑起高墙围困囚徒的灵魂。
冷凉的石头在沉默中听到回答：
这里是人类主宰，这里是阿尼阿拉号。

101

这是我们在米玛大厅的最后一夜，

自我接着自我破裂崩溃消失不见

但是在自我停止存在之前，

灵魂的意愿会更清楚呈现。

最后成功地将时间剥离，

脱出这房间的把握而让杜丽丝族入眠。

102

我曾经为他们设想过一个人间的乐园，
但后来我们离开了被我们破坏的乐园。
空荡的太空夜晚成为我们唯一的家园，
无尽深渊中没有神再听到我们的呼唤。

星空的神秘永无尽期，
还有天体机能的奇迹。
这是法则而并非福音，
生命才能够培育仁慈。

然而按照法则的真正旨意我们堕落，
在米玛大厅里见证我们空虚的死去。
最终是我们都寄予厚望的那个上帝，
带着委屈与伤痕依然坐在杜丽丝谷。

103

拧暗灯光为大家献上安宁，
我们悲伤的游戏已至剧终。
愿这信息代代间不断传送，
人类的命运映射如海星空。

以不可降低的速度飞向天琴座，
飞船至少要行驰一万五千光年。
如同载满物品与古骨的博物馆，
加上来自杜丽丝森林里的枯柴。

乘坐飞船如巨大的石头棺材，
在命运海洋中继续向前飞奔。
无尽的太空之夜与白昼分开，
围绕坟墓是宁静般透明水晶。

如花环围绕米玛机墓地，
我们倒地化成无罪埃尘。
超脱痛苦星星光芒如刺，
涅槃之波掠过芸芸众生。

图书在版编目(CIP)数据

阿尼阿拉号/(瑞典)马丁松(Martinson，H.)著；万之译.—上海：上海人民出版社，2012

书名原文：Aniara

ISBN 978-7-208-10587-4

Ⅰ.①阿… Ⅱ.①马… ②万… Ⅲ.①诗集-瑞典-现代 Ⅳ.①I532.25

中国版本图书馆 CIP 数据核字(2012)第 033213 号

中文译本根据瑞典博涅什出版社(Bonniers)1956年第一版译出

Thanks for the support from Swedish Arts Council

世纪文睿 Century Literature 出品

出 品 人　邵　敏
责任编辑　邵　敏
助理编辑　范佳倩
封面装帧　王小阳

阿尼阿拉号
[瑞典]哈瑞·马丁松 著
万　之 译

世纪出版集团
上海人民出版社出版
(200001　上海福建中路193号　www.ewen.cc)
世纪出版集团发行中心发行
常熟市兴达印刷有限公司
开本 635×965　1/16　印张 13　插页 2　字数 60000
2012年4月第1版　2012年4月第1次印刷
ISBN 978-7-208-10587-4/I·989
定价 38.00元

图书在版编目(CIP)数据

阿尼阿拉号/(瑞典)马丁松(Martinson，H.)著；万之译. —上海：上海人民出版社，2012

书名原文：Aniara

ISBN 978-7-208-10587-4

Ⅰ. ①阿… Ⅱ. ①马… ②万… Ⅲ. ①诗集-瑞典-现代 Ⅳ. ①I532.25

中国版本图书馆 CIP 数据核字(2012)第 033213 号

www.ingramcontent.com/pod-product-compliance
Lightning Source LLC
Chambersburg PA
CBHW030534310726
48979CB00010B/1903/J

* 9 7 8 7 2 0 8 1 0 5 8 7 4 *